चित्राधार और ध्रुवस्वामिनी

LECTOR HOUSE PUBLIC DOMAIN WORKS

चित्राधार और ध्रुवस्वामिनी

जयशंकर प्रसाद

ISBN: 978-93-90112-27-2

Published: -

LECTOR HOUSE LLP
E-MAIL: lectorpublishing@gmail.com

चित्राधार और ध्रुवस्वामिनी

जयशंकर प्रसाद

अनुक्रम

पृष्ठ

चित्राधार

- अयोध्या का उद्धार 1
- वन-मिलन 8
- प्रेम-राज्य (पूर्वार्द्ध) 13

ध्रुवस्वामिनी

- सूचना 18
- प्रथम अंक 22
- द्वितीय अंक 35
- तृतीय अंक 44

चित्राधार

अयोध्या का उद्धार

(महाराज रामचन्द्र के बाद कुश को कुशावती और लव को श्रावस्ती इत्यादि राज्य मिले तथा अयोध्या उजड़ गई। वाल्मीकि रामायण में किसी ऋषभ नामक राजा द्वारा उसके फिर से बसाए जाने का पता मिलता है; परन्तु महाकवि कालिदास ने अयोध्या का उद्धार कुश द्वारा होना लिखा है। उत्तर काण्ड के विषय में लोगों का अनुमान है कि वह बहुत पीछे बना। हो सकता है कि कालिदास के समय में ऋषभ द्वारा अयोध्या का उद्धार होना न प्रसिद्ध रहा हो। अस्तु, इसमें कालिदास का ही अनुसरण किया गया है।–लेखक)

"नव तमाल कल कुञ्ज सों घने
सरित-तीर अति रम्य हैं बने।
अरध रैनि महँ भीजि भावती
लसत चारु नगरी कुशावती"।।

युग याम व्यतीत यामिनी
बहुतारा किरणालि मालिनी।
निज शान्ति सुराजय थापिके
शशिकी आज बनी जु भामिनी।।

विमल विधुकला की कान्ति फैली भली है
सुललित बहुतारा हीर-हारावली है।
सरवर-जलहूं में चन्द्रमा मन्द डोलै
वर परिमल पूरो पौन कीन्हे कलोलै।।

मन मुदित मराली जै मनोहारिनी है
मदकल निज पीके संग जे चारिनी है।
तहँ कमल-विलासी हँस की पांति डोलै
द्विजकुल तरुशाखा में कबौं मन्द बोलै।

करि-करि मृदु केली वृक्ष की डालियों से
सुनि रहस कथा के गुंज को आलियों से।
लहि मुदित मरन्दै मन्द ही मन्द डोलै
यह विहरण-प्रेमी पौन कीन्हे कलोलै।।

विशद भवन माहीं रत्न दीपांकुराली
निज मधुर प्रकाशै चन्द्रमा मैं मिलाली।
बिधुकर-धवलाभा मन्दिरों की अनोखी
सरवर महँ छाया फैलि छाई सुचोखी।।

विविध चित्र बहु भांति के लगे
मणि जड़ाव चहुँ ओर जो जगे।
महल मांहि बिखरवाती विभा
मधुर गन्धमय दीप की शिखा।।

कुशराज-कुमार नींद में
सुख सोये शुचि सेज पै तहां।
बिखरे चहुँ ओर पुष्प के
सुखमा सौरभ पूर है जहां।।

मुखचन्द अमन्द सोहई
अति गंभीर सुभाव पूर है।
अधिरानहि-बीच खेलई
मुदु हाँसी सुखमा सुमूर है।।

तहँ निद्रित नैन राजहीं
नव लीला मय शील ओज हैं।
मनु इन्दहि मध्य साजहीं
युग संकोचित-से सरोज हैं।।

तहँ चारु ललाट सिंधु में
नहिं चिन्ता लहरी बिराजही।
अति मन्दहि मन्द कान में
मनुवीणा धनिसों सुबाजही।।

बढ़ि पश्चम राम मैं जबै
सुविपञ्ची ध्वनि कान में पड़ी।
जगि के तहँ एक भामिनी
अध मूंदे दृग ते लख्यो खड़ी।।

पुतरी पुखराज की मनो
सुचि सांचे महँ ढारि के बनी।
उतरी कोउ देव-कामिनी
छवि मालिन्य विषादसों सनी।।

कर बीन लिए बजावती
रजनी में नहिं कोउ संग है।
बनिता वर-रूप-आगरी
सहजै ही सुकुमार अंग है।।

कल-कण्ठ-ध्वनि सु कोमला
मिलि वीणा-स्वर सों सुहात है।
कुश नीरव है लखै सुनै
जनु जादू सबही लखात है।।

"तुम वा कुल के कुमार हो

हरिचन्द्रादि जहां उदार से।
निज दुःख सह्यो तज्यो नहीं
सत राख्यो उर रत्न-हारसे।।"

"अनरण्य दिलीप आदि ने
जेहिको यत्न अनेक सों रच्यो।
रघुवंश-जहाज सो लखो
यहि साम्राज्य महाब्धि में बच्यो।।"

"अनराजकता तरंग में
फँसि के धारनि बे अधार है।
तेहि को सबही यही कहै
"कुश" याको वर-कर्णाधार है।।"

तब वंश सुकीर्ति को सबै
अनुहास्यो उदधी वहै अजै।
निज कूलन सों बढ़ै नहीं
अरु मर्य्यादहुँ को नहीं तजै।।

"जेहि कीर्ति-कलाप-गध सों
मदमाती मलयानिलौ फिरै।
हिम शैल अधित्यकान लौं
सबको चित आनन्द सों भरै।।"

"जेहि वंश-चरित्र को लिखे
कवि वाल्मीकि अजौ सुख्यात है।
तुमही ! निज तात सामुहे
शुचि गायो वह क्यों भुलात है।।"

"जेहि राम राज्य को सदा
रहिहै या जग मांहि नाम है।
तेहि के तुमहुँ सपूत है।
चित चेतो बिगरयो न काम है।।"

"तुम छाइ रहे कुशवती
अरु सोये रघुवंश की ध्वजा।
उठि जागहु सुप्रभात है
जेहि जागे सुख सोवती प्रजा।।"

नीरव नील निशीथिनी
नोखी नारि निहारि।
विपति-विदारी वीरवर
बोले बचन बिचारि।।

"देवि! नाम निज धाम,
काम कौन ? मोते कहौ।

अरु तुम येहि आराम–
मांहि आगमन किमि कियो?"

"तुम रूप-निधान कामिनी
यह जैसी विमला सुयामिनी।
रघुवंशहि जानिहो सही
परनारी पर दीठ दैं नहीं।।"

"तुम क्यों बनी अति दीन?
क्यों मुख लखात मलीन?
निज दुःख मोहिं बताउ
कछु करहुं तासु उपाउ।।"

"जब लों करवाल धारिहैं
रघुवंशी दृढ़ चित्त मान के।
कुटिला भृकुटि न देखिहैं
सुरभि, ब्राह्मण औ तियान के।।"

शोचहु न चित्त महैं शंक नाहीं
मोचहु बिषाद निज हीय चाहि।
ईश्वर सहाय लहि है सहाय
मेंटहुँ तुम्हार दुख, करि उपाय।।"

सुनि अति सुख मानी सुन्दरी मंजु बानी
गदगद सु गिराते यों कह्यो दीन-बानी।
"तुम सुमति सुधारी ईश पीरा निवारी
अब सुनहु बिचारी है, कथा जो हमारी।।"

"सुख-समृद्धि सब भांति सो मुदा
रहत पूर नर नारी ये मुदा।
अवध-राज नगरी सुसोहती
लखत जाहि अलकाहु मोहती।।"

"इक्ष्वाकु आदिक की विमल–
कीरति दिगन्त प्रकासिता।
सो भई नगरी नाग-कुल–
आधीन और विलासिता।।

नहिं सक्यौ सहि जब दुःख
तब आई अहौं लै के पता।
सो मोहिं जानहुं हे नरेन्द्र!
अवध नगर की देवता।।"

"जहँ लख्यो विपुल मतंग–
तुंग सदा झरै मदनीर को।
तहँ किमि लखै बहु बकत

व्यर्थ श्रृगालिनी के भीर को।।

जहँ हयन हेषा बिकट–
ध्वनि, शत्रु-हृदय कँपावती।
तहँ गिद्धनी-गन है सुछन्द
विहारि कै सुख पावती।।"

जहँ करत कोकिल कलित–
कोमल-नाद अतिहि सुहावने।
सो सुनि सकत नहिंका, काकन
के कुबोल भयावने।।

जहँ कामिनी कल-किंकिनी
धुनि सुनत श्रुति सुख पावहीं।
तहँ बिकत झिल्लीरव सुनत
सुकहत नहीं कछु आवहीं।।

"कुमुद" नाम इक नाग वंश है
समुझि ताहि यह वीर अंश है।
बिगत राम जनहीन दीन है
निज अधीन करि ताहि लीन है।।

उजरी नगरी तऊ तहां।
मणि-माणिक्य अनेक हैं परे।
तेहि को अधिकार में किये
सुख भोगै सब भांति सो भरे।।

रघु, दिलीप, अज आदि नृप,
दशरश राम उदार।
पाल्यो जाको सदय है,
तासु करहु उद्धार।।

निज पूर्वज-गन की विमल–
कीरति हूं बचि जाय।
कुमुद्वती सम सुन्दरी,
औरहु लाभ लखाय।।

सुनि, बोले वरवीर
"डरहु न नेकहु चित्त में
धरे रहौ उर धीर,
काल्हि उबारौं अवध को।।"

भोर होत ही राजसभा में
बैठे रघुकुल-राई।
प्रजा, अमात्य आदि सबही ने
दियो अनेक बधाई।।

श्रोत्रिय गनहि बुलाई, सकल–
निज राज दान कै दीन्ह्यो।
और कटक सजि, अवध नगर
के हेतु पयानो कीन्ह्यो।।

जब अवध की सीमा लख्यो
तब खड़े है सह सैन के।
अरु कुमुद पहँ पठयो तबै
निज दूत, शुचि सुख दैन कै।।

"बिनु बूझि तुम अधिकृत कियौ
यह अवधि नगरि सुहावनी।
तेहि छोड़ि कै चलि जाहु,
नतु संगर करौ लै कै अनी।।"

वह तुरत आओ सैन लै,
रन-हेतु कुश कै सामुहे।
इतहूँ सुभट सब अस्त्र लै
तहँ रोष सों सबही जुहे।।

तहँ चले तीर, नराच, भल्ल,
सुमल्ल सबही भिरि गये।
तरवारि की बहु मारि बाढ़ी
दुहूं दल के अरि गये।।

बढ़यो क्रोध करि कुश कुमार
धनु को टंकारत।
प्रबल तेज शरजाल छाड़ि
चहुं दिशि हुंकारत।।

अम्बर-अवनिहि एक कीन्ह,
शर सों सब छायो।
अरगिन भरि-भरि नीर नैन
भागे मग पायो।।

कुश-प्रभाव लखि हीन होय के,
कुमुद आप हिय माहिं जोय के।
निज निवास महँ जायके छिप्यो
तबहि दूत कुश को तहाँ दिप्यो।।

परमा रमणी कुमुद्वती
धन-रत्नादि संग लै,
कुश को मिलि तोष दीजिये
नहिं तो सैन सज़ाव जंग लै।।

यहि मैं लखि निस्तार

कुमुद चल्यो कुश सों मिलन।
विविध रत्न उपहार
लै बहु धन निज संग में।।

आयो तहँ कर जोरि,
कुमुद कुमुद्वति संग लै।
बोल्यो बचन निहोरि,
व्याहहु याको राज लै।।

सुन्दरि के दृग-बान
लखे रोष सबही गयो।
छाड्यो शर संधान
अवध माँहि तबही गयो।।

कुल लक्ष्मी परताप
लख्यो सबै सुखमय नगर।
मिट्यो सकल सन्ताप
बैठे सिंहासन तबै।।

कुश-कुमुद्वती को परिणय
सबको मन भायो।
अवध नगर सुखसाज
महा सुखमा सो छायो।।

वन-मिलन

अरुण विभा विलसित-हिम-श्रृंग मुकुटवर छाजत।
मालिनि मन्द प्रवाह सुखद-सुदुकूल विराजत।।
तरुगन राजि कतहुँ मरकत-हारावलि लाजै।
सांचहु भूधरनृपति समान हिमालय राजै।।

तेहि कटि तट महँ कण्व–महर्षि तपोवन सोहैं।
सरल कटाक्षन ते हरिनी जहँ मुनि-मन मोहै।।
सरस रसाल, कदम्ब, तमालन की सुचि पांती।
धव, अशोक, अरु देव दारु, तरुगन बहुभांती।।

नव-मल्लिका, कुंद, मालती, बकुल अरु जाती।
चम्पक अरु मन्दार केतकी की बहु पांती।।
सुमन लिये साखा सह हिलत वायु के प्रेरित।
सौरभ सुभग बगारत जासों बन है सुरभित।।

वल्कल-वसन-विभूषित अंग सुमन की माला।
कर्णिकार को कर्नफूल विसवलय विसाला।।
कुंदकली-सों कलित केश-अवली भल राजत।
चम्पक-कलिका-हार सुरुचि गल-बीच विराजत।।

सुन्दर सहज सुभाव बदन पर मुनि-मन मोहैं।
सूधी बिमल चितौन मृगन से नैन लजोहैं।।
जेहि पवित्र मुख भाव लखे सबही सुर नारी।
निज बिलोल नव-हास विलासहिं करती वारी।।

बैठी मालिनि तीर सुभगवेतसी-कुंज में।
विलसत परिमल पूर समीरन केश-पुंज में।।
युगल मनोहर बनबाला अति सुन्दर सोहैं।
"प्रियम्बदा-अनुसूया!" जाके नाम मिठोहैं।।

"री अनुसूया! देखु सामुहे चम्पक-लतिका।
भरी सुरुचि सुकुमार अंग-अंगन मों कलिका।।
मन-ही-मन कुम्हिलात खिलत बेहाल विचारी।
'प्रियम्बदा' दृग भरि बोली उसास लै भारी।।

"कोमल-किसलय माहिं कली धारति अलबेली।

कुंदन-सों रंग जासु गढ़न मन हरन नवेली।।
अपर कुसुम-कलिका सों करत फिरे रंगरेली।
याहि न पूछत कोउ मधुकर सब ही अवहेली।।"

"यामें मधुर मरन्द, पराग, सुगन्ध सबै है।
सुन्दर रूप, सुरंग, जाहि-लखि और लजै है।।
पै रूखे परिमल पै सबही नाक चढ़ावत।
जैसे सूधो भाव न सब को हिय ललचावत।।

"मातो मधकर है मधु-अंध, विवेक न राखै।
मुरि मुसुक्यान मनोहर कलियन को अभिलाखै।।
सूधी चम्पक-लता नहीं जानत रस केली।
यहि विचार कोउ मधुकर नहिं अंकहि निज मेली।।"

"इनको कुटिल स्वभाव कोऊ इनको का दोखै।
स्वारथ रत परपीर नहीं जानत किमि तोखै।।
पाई समीपहिं जाही सो वाही सों पागैं।
ये तो परम विलासी, नहिं जानत अनुरागैं।।"

"बोली 'अनुसूया' यों–अनखि-तोहिं का सूझी।
जा बिनही बातन पर, बातन माहिं अरूझी।।
तुम बनबासी कोउ दूजो–नहिं सुनिबे वारो।
बन में नाच्यो मोर कहो किन आइ निहारो?"

"बहु लतिका तरु वीरूध, जे मम बाल सनेही।
तिनको सिञ्चन करहु, अहै तुव कारज एही।।
यह अशोक को पादप जामे किसलय कोमल।
औरहु परम रसाल लखहु करुना कदम्ब भल।।"

"अहै माधवी लता मृदुल-कलिका-नव धारति।
'शकुन्तला' के विरह-अश्रु की बूंद पसारति।।
निज मृनाल-सी बाहनि सों भरि गागरि आनी।
जाको सांझ-सबेरे सींचति दै-दै पानी।।"

"ये सब सींचन हेतु अबहिं-बातें तुम करतीं।
कुसुम चूनिबो और अहै, क्यों बरसत अरतीं।।
शकुन्तला को नाम सुने दूजी यों बोली–

क्यों हक नाहक दबी आग यों कहि पुनि खोली।।

पाइ राज-सुख सखियन को निज हाय! बिसारी।
बहुत दिवस बीते, निज-खबर न दीन्हीं प्यारी।।
अहो गौतमी हू कछु कहत न रजधानी की।
मम बन-बासिनि सखी जु शकुन्तला-रानी की।।"

"नगर नागरी महरानिन के सैन अनोखे।

वह सूधी बन-बाला पिय को कैसे तोखे।।
जाने दे, बिन काज कहा बैठी बतरावत।
पाइ पिया को प्रेम सखिहिं किन पूछन आवत!

अबहिं शुकहिं आहार देइबो हैं हम वारी।
बहुत अबेर भई सु कुटीरहिं चलिये प्यारी।।"
तब कश्यप को शिष्य तहां गालव चलि आयो।
"कण्व कहां है?" पूछ्यो तिनसों अति हरषायो।।

"अग्निहोत्र-शाला में"–कहि दोनों बन-बाला।
कुसुम-पात्र लीन्हों उठाइ मालति की माला।।
लजत मराली गमन लखे, वे दोनों आली।
वल्कल-वसन समेटि चली लै कुसुल उताली।।

कोकिल सों निज स्वर मिलाइ बहु बोलत बोली।
निज आश्रम पै पहुँचीं वे सब करत ठिठोली।।
कुसुम-पात्र धरि गुरु-समीप निज सिरहि झुकाई।
वन्दन कर बैठीं वे, मनकी मनहिं दुराई।।

बोल्यो गालव करि प्रणाम ऋषिवर को कर सों–
"लै संदेस हम आये हैं अपने गुरुवर सों।।
महाराज दुष्यन्त सहित निजसुत प्रियवर के।।
शकुन्तला-संग मिले, शाप छूट्यो मुनिवर के।।

"बहु ब्रत धारि अनेक कष्ट सहि पुनि सुख पायो।
सुखद पुत्र मुख चन्द्र देखि अति हिय हरषायो।।
दलित कुसुम अपमानित-हिय, बाला बेचारी।
श।कुन्तला निज पति-सुख पायो पुनि सुकुमारी।।

गद्गद कण्ठ, सिथिल-बानी पति ही सुखसानी।
बोले कण्व-महर्षि अनूपम, अविकल ज्ञानी।
"सबही दिन नहिं रहत दुःख संसार मँझारी।
कहुं दिन की है जोति कहूँ है चन्द्र उजारी।।"

प्रियम्बदा अनुसूया हूँ अति ही हिय हरषा।
आनन्दित है सुखद अश्रु निज आँखिन बरषी।।
पायो जब संवाद मनोहर निज अभिलाषित।
भयो प्रफुल्लित तबहिं वहै, तप-वन चिर-तापित।।

"हेमकूट ते उतरि मरीची के आश्रम सों।
आवत हैं दुष्यन्त-सहित निजी श्री अनुपम सों।"
मातलि आय कह्यो ज्यों ही, सब ही हिय हुलसे।
तहं आनन्दमय ध्वनि उठी तबहीं ऋषिकुल से।

शकुन्तला दुष्यन्त, बीच में भरत सुहावत।
धर्म, शांति, आनन्द, मनहुं साथिहिं चलि आवत।।

देखत ही अकुलाय उठीं, तुरतहिं बन-बाला।
प्रियम्बदा, अनुसूया, बिकसी ज्यों मृदु माला।।

भाट सखी-गन सों, तबही वह रोवन लागी।
हर्ष-विषाद असीम, आनन्दित है पुनि पागी।
शकुन्तला निज बाल-सखी गल सों कहुँ लागै।
बढ़यो अधिक आवेग माहिं, नहिं गल भुज त्यागै।।

करुण, प्रेम प्रवाह बढ़यो, वा शुद्ध तपोवन।
बरसन लग्यो मनोहर मंजुल मुंद आनंद-घन।।
श्रद्धा, भक्ति, सरलता, सब ही जुरी एक छन।
चित्र-लिखे -से चुप है देखत खड़े एक मन।।

कछुक बेर पर कण्व-चरण पर निज सिर नाई।
करि प्रणाम कर जोरि, खड़े भै बिधुकुल-राई।।
कुशल पूछ पुनि कण्व, दियो आशीष अनुपम।
भरतहुँ पुनि कीन्ह्यो प्रणाम, लहि मोद महातम।।

शकुन्तला सों पालित तब, वह मृग तहं आयो।
सिर हिलाई अरु चरण-चूमि आनन्द जनायो।।
माधवि लता मनोहर की निज करते मरस्यो।।
वह तप-वन तब अधिक-मनोरम है सुचि दरस्यो।।

यज्ञ-भूमि को करि प्रणाम, आनन्द समैठे।
पूर्व मिलन के कुञ्ज मांहि, कछु छन सब बैठे।।
शकुन्तला, दुष्यन्त, भरत, मालिनी के तीरन।
बन-बासिनि वाला-युग के संग लागी बिहरन।।

प्रिगम्बदा मुख चूमि भरत को लेत अंक में।
शकुन्तला अनुसूया संग बिहरत निशंक में।।
निजी बीते दिवसन की सुमधुर कथा सुनावत।
चुप है के दुष्यन्त सुनत, अति ही सुख पावत।

सरल-स्वभाव बन-बासिनि, वे सब बरबाला।
कथानुकूल सुधारत भाव–अनेक रसाला।।
पति सों बिछुरन-मिलन समय की कहि बहु बातें।
चिर दुखिया आनन्दित है सब मोद मनाते।।

प्रियम्बदा तब दुष्यन्तहिं दीन्हों उराहनो।
अहो परम धार्मिक, तेरी है बहु सराहनो।।
शकुन्तला को शाप हेतु विस्मृत तुम कीन्हों।
याही वन हम रहीं, खोज हमरी हू लीन्हों?

"अहो होत है अधिक निठुर –नर सब, नारी सों।
जों लौं मुख सामुहे अहैं तौ लौ प्यारी सों।
नहिं तो कौन कहां, को, कैसो, कासों नाते।

बहु दिन पै जो मिलै–तबौ पूछी नहिं बाते।।"

अनुसूया हंसि बोली–ये तो अति सूधे हैं।
इनको यहै स्वभाव कहा यामे तू पैहैं।।
शकुन्तला मुसक्याई कह्यो–"जाने दे सखियो।।
इनके सब बातन को अपने हिय में रखियो।।

अब यह मेरी एक विनय धरि ध्यान सुनै तू।
इनके विमल, चरित्रन को नहिं नेक गुनै तू।।
जामें फिर निहं बिछुरैं, सब यह ही मति ठानो।
सदन हमारे संग चलो अति ही सुख माने।।"

यज्ञ-प्रज्ज्वलित बन्हि, लखे सब ही प्रणाम किय।
कण्व-महर्षि आनन्दित को अभिवन्दन हूं किय।।
शकुन्तला कर जोरि पिता सों हिय सकुचाती।
कह्यो-"विनय करिबो-कुछ है पै नहिं कहि आती।।"

बोले कण्व –"कहो, जो कछु तुमको कहनो है।"
शकुन्तला ने कह्यो–"सखी-संग मोहिं रहनो है।।
इन सखियन के बिना अहो हम अति दुख पायो।"
कण्व "अस्तु" कहि सबको अति आनन्द बढ़ायो।।

कञ्चन कंकन किंकिनि को कलनाद सुनावत।
नन्दन-कानन-कुसुमदाम सौरभ सौ छावत।।
निज अमन्द सुचिचन्द–बदन सोभा दिखरावत।
जगमगात जाहिरहि जवाहिर को चमकावत।।

निज अनूप अति ओपदार आभा दिखरावत।
चञ्चल चीनांशुक अञ्चल को चलत उड़ावत।।
केश कदम्बन कलित कुसुम-कलिका बिखरावत।
मञ्ज मेनका को देख्यो सब उतरत आवत।।

यथा उचित अभिवंदन सब ही कियो परस्पर।
शकुन्तला माता सों लपटी अतिहि प्रेम भर।।
भरत-चन्द्रमुख चूमि भइ वह हिय सों हरषित।
प्रियम्बदा-अनुसूया सिरा कीन्हों कर परसित।।

कण्व दियो आसीन जाहु सब सुख सों रहियो।
जीवन के सब लाभ प्रेम परिपूरित लहियो।।
चिर बिछुरे सब मिले हिये आनन्द बढ़ावन।
मालिनी-तरल-तरंग लगी मंगल को गावन।।

प्रेम-राज्य (पूर्वार्द्ध)

बाल विभाकर सोहत, अरुण किरण अवली सों।
कृष्णा क्रीड़त निजनव, तरलित जल लहरीसों।।
मलयजधीर पवन-बन–उपवन महँ सञ्चरहीं।
कोकिल कुल कलनाद करत अति मधुर विहरहीं।।

टालीकोट सुयुद्धभूमि में प्रवलदुहूं दल।
सूर्यकेतु महाराज, विजयनगरेश महाबल।।
प्रतिपक्षी बहु यवन राज, मिलि सैन सजायो।
बीरकर्म अरु कादरता, को दृश्य दिखायो।।

सिंहद्वार पर खड़े नरेश लखैं सेना को।
बांधवराजे यूथप सँगघेरैं बहुनाको।।
सेनापति सह सैन्य, युद्धभूमिहि चल दीन्हो।
पांच वर्ष को बालक इक आगमन सुकीन्हो।।

चन्द्रोज्ज्वल मुख मधुर, विमल हाँसी को धारत।
सहज सलोने अंग, मनोहर ताहि सँवारत।।
तब नरेश निज सुतके मुख सुख में अति पागे।
हिये लाइ आनन्द सहित, मुख चूमन लागे।।

कह्यो "प्रिया को विरह, तुमहिलखि सबहि बिसारी।
किन्तु वत्स यह वीरकर्म्म, कुलप्रथा हमारी।।
सो अब तुमहि त्राण की आशा हिय महुँ धारौ।
काहि समर्पहूं तुमहिं चित्त नहिं कुछ निरधारौ।।"

आयो तहं इक भील–युथपति दुहुँ करजोरे।
चरनन पै सिरनाइ, कह्यो अति वचन निहोरे–
"महाराज ! यह राजकुंवर हमको दै देहू।
राखैंगे प्रानन प्यारे को सहित सनेहू।।

अनुज एक सह भील, सैन्य आज्ञा पालन को।
आपहिं की सेवा में है सेना चालन को।।
हिम गिरि कटि महँ, इनको लै हमहुँ चलि जैहैं।
शत्रु न कोऊ इनको, खोजनते कहुँ पैहैं।।

जब हम सुनिहैं विजय आपकी तो पुनि ऐहैं।

कीन्हैं! नेक बिलम्ब न यामें कछु फल है हैं।।
"अस्तु" कह्यो पुनि शिरहि सूंघि आलिंगन कीन्हों।।
बालक को मुख चूमि, तुरत भीलहि दै दीन्हों।।

"दादा" कहि अकुलाइ उठ्यो तबहिं वह बालक।
नैनन मों भरि नीर कह्यो नरगन के पालक।।
"दादा" ये ही हैं तुम्हरे, इन्हीं को कहियो।
मेरे जीवन प्रान, सदा ही सुखसे रहियो।"

यों कहि के मुख फेरि, अश्व पै निज चढ़ि लीन्हों।
खींचि म्यान ते खड्ग युद्ध सन्मुख चलि दीन्हों।।
आवतही नरनाह, देखि सब छत्री सेना।
अति उमगित भइ अंग आनन्द अटैना।।

वीर वृद्ध महाराज, बदन पर हाँसी रेखा।
सब को हिय उत्साहित कीन्हों सब ही देखा।
जयतु जयतु महाराज, कह्यो तब सबही फौजैं।
जलधि बीर रस में, ज्यों उमड़ि उठी बहु मौजैं।।

फरकि उठे भुजदण्ड, वीर रससों उमगाहे।
चमकि उठीं तरवार, वर्म्म अरु चर्म सनाहें।।
सैना करि द्वै भाग, एक सैनप को सौंप्यो।
अरु एकहि लै आप, अकेले रनको रोप्यो।।

तब हर हर कहि कीन्हो धावा शत्रुन ऊपर।
गरुड़ करत जिमि धावा, पन्नग प्रबल चमू पर।।
भिड़े वीर दुहुँ ओर चली, कारी तलवारैं।
एक वीर सिर हेतु, अप्सरा तन मन वारैं।।

दाबि लियो क्षत्रीन, यवन के सब सेना को।
भागन को नहिं राह, घेरि लीन्हों सब नाको।।
विकल कियो तरवार मारसों व्यथित भये सब।
भागे यवन अनेक, लखै जहँही अवसर जब।।

है रणमत्त परे तबही सब पीछे छत्री।।
तुरतहिं मारै ताहि, जबहि देखैं कोउ अत्री।।
करि कादरता कछुक, यवन जे रन सों भागे।
तेऊ मिलि तब लीन्हो, घेरि बीर-पथ त्यागे।।

उन क्षत्रिन संग महाराज, तिनमहं घिरि गयऊ।
सेनापति तहं तिनहि, छुड़ावन को नहिं अयऊ।।
अहो! लोभ बस करत, काज कैसे नर नारी।।
करत आत्म-मर्यादा, धर्म्म सबहि को वारी।।

राखत कछुक विचार नहीं यह पुन्य पाप सों।
निज तृष्णा को सींचत, नर नित आस "भाप" सों।।

नित्य करत जो पालन, तासों करत महाछल।
बहु विधि करत उपाय, बढ़ावन को अपनो बल।।

चाहत जासों जौन, करावत है यह तासों।
याको काउ जीतत नहिं हारे सब यासों।।
करिके बीर कर्म्म अरु लरिके निज अरगिन सों।
राखि स्वधर्म महान, टर्यो नहिं अपने पन सों।।

मारि म्लेच्छतम करि, अनूप बहु बीर काम को।
सूर्य्यकेतू तब गये, सुखद निज अस्तधाम को।।
विश्वम्भर के शांत अंक महं आश्रय लीन्हों।
आशुतोष तब आशु-शान्ति अभिनव तेहि दीन्हों।।

"भारतभूमि धन्य तुम, अनुपम खान।
भये जहां बहु रतन, अतुल महान।।
भये नृपति जहं इक्ष्वाकु बलवान।
जहां प्रियव्रत जनमे, विदित जहान।।

भये नृपति सिरमौर जाह दुष्यंत।
जन्म लियो जहं भरत सुकीर्त्ति अनन्त।।
जम्बूद्वीपहिं बांट्यो करि नवखण्ड।
निज नामते बसायो, भारतखण्ड।।

जिनके रथ सहसारथि, नभलौं जाहिं।
जिनके भुजबल-सागर को नहिं थाहि।।
जिनके शरण लहे, निर्विघ्न सुरेश।
अमरावती विराजहिं, चारु हमेश।।

जिनके प्रत्यञ्चा की, गुनि टनकार।
अरिशिर मुकुटमणिन को सहै न भार।।
भये भीष्म रणभीष्म, हरण अरिदर्प।
जामदग्निते रच्यो समर करि दर्प।।

जिनकी देव प्रतिज्ञा की सुख्याति।
गाइगाइ नहिं वाणी अजहुं अघाति।।
विजय भये जिन भये पराजय नाहिं।
जिनके भुजबल ते, प्रसन्न है चाहि।।

दियो पाशुपत व्योमकेश त्रिपुरारि।
कियो दिग्विजय डारयो शत्रुन मारि।।
जिनके क्रोध अनल महँ, स्तुवा नराच।
आहुति अक्षौहिणी, भई सुनु सांच।।

वसुन्धरे तव रक्त–पिपासा धन्य।
मरी जहां चतुरंगिनि सैन अगन्य।।"

करि कुकर्म्म यह जब वह, क्षत्री-कुल-कलंक-अति।
सेनापति यवन के, सैनप पहं निशंक मति।।
गयो लेन निज पुरस्कार, तब सब उठि धाये।
मातृ-भूमि-द्रोही कहि, अति उपहास बनाये॥

तब अति क्षुब्ध चित्त, गृहको वह लौटन लाग्यो।
देख्यो गृह के द्वार, एक बाला मन पाग्यो॥
गृह में देख्यो नाहिं कोउ अति कुण्ठित भो हिय।
ललिता को लीन्ह्यो उठाइ, अरु मुख चुम्बन किय॥

रोइ कहन लागी बाला, तब अति दुख सानी।
"छाड़ि मोंहि जननी हू, गई कहाँ नहिं जानी॥"
पुनि लखि बाला कर मह, पत्र एक अति आकुल।
लीन्हों ताहि पढ़न को, तब वह सैनप व्याकुल॥

पढ्यो ताहि "नहि अहौ-अहौ तुम पती हमारे।
तुम्हरे सन्मुख महाराज, किमि स्वर्ग सिधारे॥
तुम आशा भय बाला को, लीन्हे हिय पोखौ।
तुमहि क्षमा हित स्वर्ग-मोंहि महराजहिं तोखौ॥"

वह निराश निज हृदय, लिये तबही कुलघालक।
कीन्हों उत्तर गमन, तबै सेना को पालक॥
कृष्ण की नव तरल बीचि, अति कृष्णा लागै।
अरु वह मलयजपवन नाहिं बहि हिय अनुरागै॥

            ....
            ....

ध्रुवस्वामिनी

सूचना

विशाखदत्त-द्वारा रचित 'देवीचन्द्रगुप्त' नाटक के कुछ अंश 'शृंगार-प्रकाश' और 'नाट्य-दर्पण' से सन् 1923 की ऐतिहासिक पत्रिकाओं में उद्धृत हुए। तब चन्द्रगुप्त द्वितीय विक्रमादित्य के जीवन के सम्बन्ध में जो नयी बातें प्रकाश में आयीं, उनसे इतिहास के विद्वानों में अच्छी हलचल मच गयी। शास्त्रीय मनोवृत्ति वालों को, चन्द्रगुप्त के साथ ध्रुवस्वामिनी का पुनर्लग्न असम्भव, विलक्षण और कुरुचिपूर्ण मालूम हुआ। यहाँ तक कि आठवीं शताब्दी के संजात ताम्रपत्र -

हत्वा भ्रातरंमेव राज्यमहरद्देवीं स दीनस्तथा।
लक्षं कोटिमलेखयन् किल किलौ दाता सगुप्तान्वयः॥

के पाठ में संदेह किया जाने लगा :

किन्तु जिस ऐतिहासिक घटना का वर्णन करते हुए सातवीं शताब्दी में बाणभट्ट ने लिखा है -

अरिपुरे च परकलत्रकामुकं कामिनीवेश- श्चन्द्रगुप्तां शतपतिमशातयत्।

और ग्यारहवीं शताब्दी में राजशेखर ने भी लिखा है-

दत्वारुद्धगतिं खसाधिपतये देवीं ध्रुवस्वामिनीम्।
यस्मात् खंडित-साहसो निवतृते श्रीरामगुप्तोनपः॥

वह घटना केवल जनश्रुति कहकर नहीं उड़ायी जा सकती।

विशाखदत्त को तो श्री जायसवाल ने चन्द्रगुप्त की सभा का राजकवि और उसके 'देवी चन्द्रगुप्त' को जीवन चित्रण नाटक भी माना है। यह प्रश्न अवश्य ही कुछ कुतूहल से भरा हुआ है कि विशाखदत्त ने अपने दोनों नाटकों का नायक चन्द्रगुप्त-नामधारी व्यक्ति को ही क्यों बनाया। परन्तु श्रीतैलंग ने तो विशाखदत्त को सातवीं शताब्दी के अवन्तिवर्मा का आश्रित कवि माना है। क्योंकि 'मुद्राराक्षस' की किसी प्राचीन प्रति में उन्हें मुद्राराक्षस के भरत वाक्य 'पार्थिवश्चन्द्रगुप्त' के स्थान पर 'प्रार्थिवोऽवन्तिवर्मा' भी मिला। विशाखदत्त के आलोचक लोग उसे एक प्रामाणिक ऐतिहासिक नाटककार मानते हैं। उसके लिखे हुए नाटक में इतिहास का अंश कुछ न हो, ऐसा तो नहीं माना जा सकता। राखालसाद बनर्जी, प्रोफेसर अल्बेकर और जायसवाल इत्यादि ने अन्य प्रामाणिक आधार मिलने के कारण ध्रुवस्वामिनी और चन्द्रगुप्त के पुनर्लग्न को ऐतिहासिक तथ्य मान लिया है। यह कहना कि रामगुप्त नाम का कोई राजा गुप्तों की वंशवली में नहीं मिलता और न ही किसी अभिलेख में उसका वर्णन आया है, कोई अर्थ नहीं रखता। समुद्रगुप्त के शासन का उल्लंघन करके, कुछ दिनों तक साम्राज्य में उत्पात मचाकर जो राजनीति के क्षेत्र में अन्तर्धान हो गया हो, उसका अभिलेख वंशावली में न मिले तो कोई आश्चर्य नहीं। हाँ, भण्डारकरजी तो कहते हैं कि उसके लघु-काल-व्यापी शासन का सूचक सिक्का भी चला था। 'काँच' के नाम से प्रसिद्ध जो गुप्त सिक्के मिलते हैं वे रामगुप्त के ही हैं। राम के स्थान पर भ्रम से काच पढ़ा जा रहा था। इसलिए बाणभट्ट की वर्णित घटना अर्थात् स्त्रीवेश धारण करके चन्द्रगुप्त का पर-कलह-कामुक शकराज को मारना और ध्रुवस्वामिनी का पुनर्विवाह इत्यादि के ऐतिहासिक सत्य होने में सन्देह नहीं रह गया है। और मुझे तो इसका स्वयं चन्द्रगुप्त की

ओर से एक प्रमाण मिलता है। चन्द्रगुप्त के कुछ सिक्कों पर 'रूपकृति' शब्द का उल्लेख है। रूप और आकृति को जॉन एलन् ने खींच-तानकर जो शारीरिक और आध्यात्मिक अर्थ किया है, वह व्यर्थ है। रूपकृति विरुद का उल्लेख करके चन्द्रगुप्त अपने उस साहसिक कार्य की स्वीकृति देता है जो ध्रुवस्वामिनी की रक्षा के लिए उसने रूप बदलकर किया है, और जिसका पिछले काल के लेखकों ने भी समय-समय पर समर्थन किया है।

विशाखदत्त के 'देवीचन्द्रगुप्त' नाटक का जितना अंश प्रकाश में आया है, उसे देखकर अबुलहसन अली की बर्कमारिस वाली कथा का मिलान करके कई ऐतिहासिक विद्वानों ने शास्त्रीय दृष्टिकोण रखने वाले आलोचकों को उत्तर देते हुए ध्रुवदेवी के पुनर्लग्न को ऐतिहासिक तथ्य तो मान लिया है, किन्तु भण्डारकरजी ने पराशर और नारद की स्मृतियों से काल की सामाजिक व्यवस्था में पुनर्लग्न होने का प्रमाण भी दिया है। शास्त्रों में अनुकूल और प्रतिकूल दोनों तरह की बातें मिल सकती हैं, परन्तु जिस प्रथा के लिए विधि और निषेध दोनों तरह की सूचनाएं मिलें, तो इतिहास की दृष्टि से वह उस काल में सम्भाव्य मानी जाएंगी। हाँ, समय-समय पर उनमें विरोध और सुधार हुए होंगे और होते रहेंगे। मुझे तो केवल यही देखना है कि इस घटना की सम्भावना इतिहास की दृष्टि से उचित है कि नहीं।

भारतीय दृष्टिकोण को सुरक्षित रखने वाले विशाखदत्त जैसे पण्डित ने जब अपने नाटकों में लिखा है –

रम्यांचारतिकारिणीच करुणाशोकेन नीता दशाम
तत्कालोपगतेन राहुशिरसा गुप्तेव चांद्रीकला।

पत्युः क्लीवजनोचितेन चरितेनानेव पुंसः सतो
लज्जाकोपविषाद भीत्यरतिभिः क्षेत्रीकृता ताम्यते॥

तो उस नाटक के सम्पूर्ण सामने न रहने पर भी, जिससे कि उसके परिणाम का निश्चित पता लगे, उस काल की सामाजिक व्यवस्था को तो अंशतः स्पष्टीकरण हो ही जाता है।

नारद और पराशर के वचन -

अपत्यार्थम् स्त्रियः सृष्टाः स्त्री क्षेत्रं वीजिनो नराः
क्षेत्रं बीजवते देयं नाबीजी क्षेत्रमर्हति। (नारद)

नष्टे मृते प्रवृजिते क्लीवे च पतौ।
पंचास्वापत्सु नारीणां पतिरन्यो विधीयते॥ (पराशर)

के प्रकाश में जब 'देवीचन्द्रगुप्त' नाटक के ऊपर वाले श्लोक का अर्थ किया जाए तो वह घटना अधिक स्पष्ट हो जाती है। रम्या है किन्तु अरतिकारिणी है, में जो श्लेष है, उसमें शास्त्र-व्यवस्था जनित ध्वनि है। और पति के क्लीवजनोचित चरित का उल्लेख, साथ-ही-साथ क्षेत्री-कृता-जैसा परिभाषित शब्द, नाटककार ने कुछ सोचकर ही लिखा होगा।

भण्डारकार और जायसवाल जी, दोनों ही ने अपने लेखों में विधवा के साथ पुनर्लग्न होने की व्यवस्था मानकर ध्रुवदेवी का पुनर्लग्न स्वीकार किया है। किन्तु स्मृति की ही उक्त व्यवथा में अन्य पति ग्रहण करने के लिए पाँच आपत्तियों का उल्लेख किया है, उनमें केवल मृत्यु होने पर ही तो विधवा का पुनर्लग्न होगा। अन्य चार आपत्तियाँ तो पति के जीवनकाल में ही उपस्थिति होती हैं।

उधर जायसवाल चन्द्रगुप्त द्वारा रामगुप्त का वध भी नहीं मानना चाहते, तब 'देवीचन्द्रगुप्त' नाटक की कथा का उपसंहार कैसे हुआ होगा? वैवाहिक विषयों का उल्लेख स्मृतियों को छोड़कर क्या और कहीं नहीं है? क्योंकि स्मृतियों के सम्बन्ध में तो यह भी कहा जा सकता है कि वे इस युग के

लिए नहीं, दूसरे युग के लिए हैं, परन्तु इसी कलियुग के विधान-ग्रंथ आचार्य कौटिल्य के 'अर्थशास्त्र' में मुझे इन स्मृतियों की पुष्टि मिली।

किस अवस्था में एक पति दूसरी स्त्री ग्रहण करता है, इसका अनुसंधान करते हुए, धर्मस्थीय प्रकरण के विवाह-संयुक्त में आचार्य कौटिल्य लिखते हैं -

वर्षाण्यष्टा वप्रजायमानामपृत्राम् वंध्यां चाकांक्षेत् दशविन्द,
द्वादश कन्या प्रसविनीम, ततः पुत्रार्थी द्वितीयां विंदेत्।

8 वर्ष तक वन्ध्या, 10 वर्ष तक विन्द अर्थात् नशयत्प्रसूति, 12 वर्ष तक कन्या प्रसविनी की प्रतीक्षा करके पुत्रार्थी दूसरी स्त्री ग्रहण कर सकता है। पुरुषों का अधिकार बताकर स्त्रियों के अधिकार की घोषणा भी उसी अध्याय के अन्त में है -

नीचत्वम् परदेशम् वा प्रस्थितो राजकिल्विषी।
प्राणभिहंता पतितस्त्याज्यः क्लीवोपवापतिः॥

इसका मेल पराशर या नारद के वाक्यों में मिलता है। इन्हीं अवस्थाओं में पति को छोड़ने का अधिकार स्त्रियों को था। क्योंकि 'अर्थशास्त्र' में आगे भी मोक्ष (divorce) का प्रसंग आता है, उसमें न्यायालय सम्भवतः 'अमोक्षा-भर्तुरकाम्य द्विषती भार्या भार्यायाश्च भर्ता, परस्परं द्वेषानमोक्षः' के आधार पर आदेश देता था। किन्तु साधारण द्वेष से भी जहाँ अन्य चार विवाहों में मोक्ष हो सकते थे, वहाँ धर्म-विवाह में केवल इन्हीं अवस्थाओं में पति त्याज्य समझा जाता था नहीं तो 'अमोक्षोहि धर्म विवाहानाम्' के अनुसार धर्म-विवाहों में मोक्ष नहीं होता था। दमयन्ती के पुनर्लग्न की घोषणा भी पति के नष्ट या परदेश प्रस्थित होने पर ही की गयी थी।

जायसवालजी अबुलहसन अली की यह बात नहीं मानते कि चन्द्रगुप्त ने रामगुप्त की हत्या की होगी। उनका कहना है कि चन्द्रगुप्त तो भरत की तरह बड़े भाई के लिए गद्दी छोड़ चुका था। उनका अनुमान है कि 'Very likely, it came about in the form of popular uprising.' अब नाटकार के 'अरतिकारिणी' और 'क्लीव' आदि शब्द घटना की परिणति की क्या सूचना देते हैं, यह विचारणीय है। बहुत सम्भव है कि अबुलहसन की कथा का आधार 'देवीचन्द्रगुप्त' नाटक ही हो। क्योंकि अबुलहसन के लिखने के पहले उक्त नाटक का होना माना जा सकता है।

यह ठीक है कि हमारे आचार और धर्मशास्त्र की व्यावहारिकता की परम्परा विच्छिन्न-सी है -आगे जितना सुधार या समाज-शास्त्र के परीक्षात्मक प्रयोग देखे या सुने जाते हैं, उन्हें अचिन्तित और नवीन समझकर हम बहुत शीघ्र अभारतीय कह देते हैं, किन्तु मेरा ऐसा विश्वास है कि प्राचीन आर्यावर्त्त ने समाज की दीर्घ काल-व्यापिनी परम्परा में प्रायः प्रत्येक विधा का परीक्षात्मक प्रयोग किया है। तात्कालिक कल्याणकारी परिवर्तन भी हुए हैं। इसीलिए डेढ़ हजार वर्ष पहले यह होना अस्वाभाविक नहीं था। क्या होना चाहिए और कैसा होगा, यह तो व्यव- स्थापक विचार करें; किन्तु इतिहास के आधार पर जो कुछ हो चुका या जिस घटना के घटित होने की सम्भावना है, उसी को लेकर इस नाटक की कथावस्तु का विकास किया गया है।

भण्डारकरजी का मत है कि यह युद्ध गोमती की घाटी में अल्मोड़ा जिले के कार्तिकेयपुर के समीप हुआ। जायसवालजी का मत है कि यह युद्ध 374 ई. से लेकर 380 ई. के बीच में कांगड़ा जिले के अबिबाल स्थान में हुआ था, जहाँ कि प्रथम सिक्ख युद्ध भी हुआ था।

प्रयाग की प्रशस्ति में समुद्रगुप्त की साम्राज्य-नीति में विजित राजाओं के आत्म-निवेदन 'कन्योपायन दान' ग्रहण करने का उल्लेख है। मैंने ध्रुवस्वामिनी के गुप्तकाल में आने का वही कारण माना है।

विशाखदत्त ने ध्रुवदेवी नाम लिखा है, किन्तु मुझे ध्रुवस्वामिनी नाम, जो राजशेखर के 'मुक्तक' में

आया है, स्त्रीजनोचित सुन्दर, आदर-सूचक और सार्थक प्रतीत हुआ। इसीलिए मैंने उसी का व्यवहार किया है।

- जयशंकर 'प्रसाद'
चैत्र शुक्ल

प्रथम अंक

(शिविर का पिछला भाग जिसके पीछे पर्वतमाला की प्राचीर है, शिविर का एक कोना दिखलाई दे रहा है जिससे सटा हुआ चन्द्रातप टँगा है। मोटी-मोटी रेशमी डोरियों से सुनहले काम के परदे खम्भों से बँधे हैं। दो-तीन सुन्दर मंच रखे हुए हैं। चन्द्रातप और पहाड़ी के बीच छोटा-सा कुंज, पहाड़ी पर से एक पतली जलधारा उस हरियाली में बहती है। झरने के पास शिलाओं से चिपकी हुई लता की डालियाँ पवन में हिल रही हैं। दो चार छोटे-बड़े वृक्ष, जिन पर फूलों से लदी हुई सेवती की लता छोटा-सा झुरमुट बना रही है।

शिविर के कोने से ध्रुवस्वामिनी का प्रवेश। पीछे-पीछे एक लम्बी और कुरूप स्त्री चुपचाप नंगी तलवार लिए आती है)

ध्रुवस्वामिनी : (सामने पर्वत की ओर देखकर) सीधा तना हुआ, अपने प्रभुत्व की साकार कठोरता, अभ्रभेदी उन्मुक्त शिखर! और इन क्षुद्र कोमल निरीह लताओं और पौधों को इसके चरण में लोटना ही चाहिए न। **(साथ वाली खड्गधारिणी की ओर देखकर)** क्यों, मन्दाकिनी नहीं आई **(वह उत्तर नहीं देती है)** बोलती क्यों नहीं यह तो मैं जानती हूँ कि इस राजकुल के अन्तःपुर में मेरे लिए न जाने कब से नीरव अपमान संचित रहा, जो मुझे आते ही मिला; किन्तु क्या तुम-जैसी दासियों से भी वही मिलेगा इसी शैलमाला की तरह मौन रहने का अभिनय तुम न करो, बोलो! **(वह दाँत निकालकर विनय प्रकट करती हुई कुछ और आगे बढ़ने का संकेत करती है)** अरे, यह क्या, मेरे भाग्य विधाता! यह कैसा इन्द्रजाल? उस दिन राजमहापुरोहित ने कुछ आहुतियों के बाद मुझे आशीर्वाद दिया था, क्या वह अभिशाप था? इस राजकीय अन्तःपुर में सब जैसे एक रहस्य छिपाये हुए चलते हैं, बोलते हैं और मौन हो जाते हैं। **(खड्गधारिणी विवशता और भय का अभिनय करती हुई आगे बढ़ने का संकेत करती है)** तो क्या तुम मूक हो? तुम कुछ बोल न सको, मेरी बातों का उत्तर भी न दो, इसीलिए तुम मेरी सेवा में नियुक्त की गई हो? यह असह्य है। इस राजकुल में एक भी सम्पूर्ण मनुष्यता का निदर्शन नहीं मिलेगा क्या जिधर देखो कुबड़े, बौने, हिजड़े, गूँगे और बहरे...। **(चिढ़ती हुई ध्रुवस्वामिनी आगे बढ़कर झरने के किनारे बैठ जाती है, खड्गधारिणी भी इधर-उधर देखकर ध्रुवस्वामिनी के पैरों के समीप बैठती है।)**

खड्गधारिणी : (सशंक चारों ओर देखती हुई) देवि, प्रत्येक स्थान और समय बोलने के योग्य नहीं होते। कभी-कभी मौन रह जाना बुरी बात नहीं है। मुझे अपनी दासी समझिए। अवरोध के भीतर मैं गूँगी हूँ। यहाँ संदिग्ध न रहने के लिए मुझे ऐसा ही करना पड़ता है।

ध्रुवस्वामिनी : अरे, तो क्या तुम बोलती भी हो पर यह तो कहो, यह कपट आचरण किसलिए?

खड्गधारिणी : एक पीड़ित की प्रार्थना सुनाने के लिए। कुमार चन्द्रगुप्त को आप भूल न गई होंगी !

ध्रुवस्वामिनी : (उत्कण्ठा से) वही न, जो मुझे वंदिनी बनाने के लिए गए थे।

खड्गधारिणी : (दाँतों से जीभ दबाकर) यह आप क्या कह रही हैं? उनको तो स्वयं अपने भीषण भविष्य का पता नहीं। प्रत्येक क्षण उनके प्राणों पर सन्देह करता है। उन्होंने पूछा है कि मेरा क्या अपराध है?

ध्रुवस्वामिनी : (उदासी की मुस्कराहट के साथ) अपराध मैं क्या बताऊँ? तो क्या कुमार भी वन्दी हैं?

खड्गधारिणी : कुछ-कुछ वैसा ही है देवि, राजाधिराज से कहकर क्या आप उनका कुछ उपकार कर सकेंगी?

ध्रुवस्वामिनी : भला मैं क्या कर सकूँगी? मैं तो अपने ही प्राणों का मूल्य नहीं समझ पाती। मुझ पर राजा का कितना अनुग्रह है, यह भी मैं आज तक न जान सकी। मैंने तो कभी उनका सम्भाषण सुना ही नहीं। विलासिनियों के साथ मदिरा में उन्मत्त, उन्हें अपने आनन्द से अवकाश कहाँ!

खड्गधारिणी : तब तो अदृष्ट ही कुमार के जीवन का सहायक होगा। उन्होंने पिता का दिया हुआ स्वत्व और राज्य का अधिकार तो छोड़ ही दिया; इसके साथ अपनी एक अमूल्य निधि भी ...। **(कहते-कहते सहसा रुक जाती है।)**

ध्रुवस्वामिनी : अपनी अमूल्य निधि! वह क्या?

खड्गधारिणी : यह अत्यन्त गुप्त है देवि, किन्तु मैं प्राणों की भीख माँगते हुए कह सकूँगी।

ध्रुवस्वामिनी : (कुछ सोचकर) तो जाने दो, छिपी हुई बातों से मैं घबरा उठी हूँ। हाँ, मैंने उन्हें देखा था, वह निरभ्र प्राची का बाल अरुण! आह! राज-चक्र सबको पीसता है, पिसने दो, हम निःसहायों को और दुर्बलों को पिसने दो!

खड्गधारिणी : देवि, वह वल्लरी जो झरने के समीप पहाड़ी पर चढ़ गई है, उसकी नन्हीं-नन्हीं पत्तियों को ध्यान से देखने पर आप समझ जायेंगी कि वह किस जाति की है। प्राणों की क्षमता बढ़ा लेने पर वही काई जो बिछलन बनकर गिरा सकती थी, अब दूसरों के ऊपर चढ़ने का अवलम्बन बन गई है।

ध्रुवस्वामिनी : (आकाश की ओर देखकर) वह बहुत दूर की बात है। आह, कितनी कठोरता है! गनुष्य के हृदय गें देवता को हटाकर राक्षस कहाँ से घुस आता है? कुगार की स्निग्ध, सरल और सुन्दर मूर्ति को देखकर कोई भी प्रेम से पुलकित हो सकता है, किन्तु उन्हीं का भाई? आश्चर्य!

खड्गधारिणी : कुमार को इतने में ही सन्तोष होगा कि उन्हें कोई विश्वासपूर्वक स्मरण कर लेता है। रही अभ्युदय की बात, सो तो उनको अपने बाहुबल और भाग्य पर ही विश्वास है।

ध्रुवस्वामिनी : किन्तु उन्हें कोई ऐसा साहस का काम न करना चाहिए जिसमें उनकी परिस्थिति और भी भयानक हो जाए।

(खड्गधारिणी खड़ी होती है)

अच्छा, तो अब तू जा और अपने मौन संकेत से किसी दासी को यहाँ भेज दे मैं अभी यहाँ बैठना चाहती हूँ।

(खड्गधारिणी नमस्कार करके जाती है और एक दासी का प्रवेश)

दासी : (हाथ जोड़कर) देवी, सांयकाल हो चुका है। वनस्पतियाँ शिथिल होने लगी हैं। देखिए न, व्योम-विहारी पक्षियों का झुण्ड भी अपने नीड़ों में प्रसन्न कोलाहल से लौट रहा है। क्या भीतर चलने की अभी इच्छा नहीं है

ध्रुवस्वामिनी : चलूँगी क्यों नहीं? किन्तु मेरा नीड़ कहाँ? यह तो स्वर्णपिंजर है।

(करुण भाव से उठकर दासी के कंधे पर हाथ रखकर चलने को उद्यत होती है। नेपथ्य में कोलाहल - महादेवी कहाँ हैं? उन्हें कौन बुलाने गई है?)

धुवस्वामिनी : हैं-हैं, यह उतावली कैसी?

प्रतिहारी : (प्रवेश करके ... घबराहट से) भट्टारक इधर आये हैं क्या?

धुवस्वामिनी : (व्यंग्य से मुस्कराते हुए) मेरे अंचल में तो छिपे नहीं हैं। देखो, किसी कुंज में ढूँढ़ो।

प्रतिहारी : (संभ्रम से) अरे महादेवी! क्षमा कीजिए। युद्ध-सम्बन्धी एक आवश्यक संवाद देने के लिए महाराज को खोजती हुई मैं इधर आ गयी हूँ।

धुवस्वामिनी : होंगे कहीं, यहाँ तो नहीं है।

(उदास भाव से दासी के साथ धुवस्वामिनी का प्रस्थान। दूसरी ओर से खड्गधारिणी का पुनः प्रवेश... और कुंज में से अपना उत्तरीय सँभालता रामगुप्त निकलकर एक बार प्रतिहारी की ओर, फिर खड्गधारिणी की ओर देखता है)

प्रतिहारी : जय हो देव! एक चिन्ताजनक समाचार निवेदन करने के लिए अमात्य ने मुझे भेजा है।

रामगुप्त : (झुँझलाकर) चिन्ता करते-करते देखता हूँ कि मुझे मर जाना पड़ेगा। ठहरो, **(खड्गधारिणी से)** हाँ जी, तुमने अपना काम तो अच्छा किया, किन्तु मैं समझ न सका कि चन्द्रगुप्त को वह अब भी प्यार करती है या नहीं?

(खड्गधारिणी प्रतिहारी की ओर देखकर चुप रह जाती है)

रामगुप्त : (प्रतिहारी की ओर क्रोध से देखता हुआ) तुमसे मैंने कह दिया न कि अभी मुझे अवकाश नहीं, ठहर कर आना।

प्रतिहारी : राजाधिराज! शकों ने किसी पहाड़ी राह से उतरकर नीचे का गिरि-पथ रोक लिया है। हम लोगों के शिविर का सम्बन्ध राजपथ से छूट गया है। शकों ने दोनों ही ओर से घेर लिया है।

रामगुप्त : दोनों ओर से घिरा रहने में शिविर और भी सुरक्षित है। मूर्ख! चुप रह... **(खड्गधारिणी से)** तो धुवदेवी, क्या मन-ही-मन चन्द्रगुप्त को... है न मेरा सन्देह ठीक?

प्रतिहारी : (हाथ जोड़कर) अपराध क्षमा हो देव! अमात्य युद्ध परिषद् में आपकी प्रतीक्षा कर रहे हैं।

रामगुप्त : (हृदय पर हाथ रखकर) युद्ध तो यहाँ भी चल रहा है। देखती नहीं, जगत की अनुपम सुन्दरी मुझसे स्नेह नहीं करती और मैं हूँ इस देश का राजाधिराज!

प्रतिहारी : महाराज, शकराज का संदेश लेकर एक दूत भी आया है।

रामगुप्त : आह! किन्तु धुवदेवी! उसके मन में टीस है **(कुछ सोचकर)** जो स्त्री दूसरे के शासन में रहकर और प्रेम किसी अन्य पुरुष से करती है, उसमें एक गम्भीर और व्यापक रस उद्वेलित रहता होगा। वही तो... नहीं, जो चन्द्रगुप्त से प्रेम करेगी वह स्त्री न जाने कब चोट कर बैठे? भीतर-भीतर न जाने कितने कुचक्र घूमने लगेंगे। **(खड्गधारिणी से)** सुना न, धुवदेवी से कह देना चाहिए कि वह मुझे और मुझसे ही प्यार करे। केवल महादेवी बन जाना ठीक नहीं।

(खड्गधारिणी का प्रतिहारी के साथ प्रस्थान और शिखरस्वामी का प्रवेश)

शिखरस्वामी : कुछ आवश्यक बातें कहनी हैं, देव।

रामगुप्त : (चिन्ता से उँगली हिलाते हुए, जैसे अपने आप बातें कर रहा हो) धुवदेवी को लेकर क्या साम्राज्य से भी हाथ धोना पड़ेगा! नहीं, तो फिर (कुछ सोचने लगता है) ठीक, तो सहसा मेरे राजदण्ड ग्रहण कर लेने से पुरोहित, अमात्य और सेनापति लोग छिपा हुआ विद्रोह भाव रखते हैं। **(शिखर से)** है न! केवल एक तुम्हीं मेरे विश्वासपात्र हो। समझा न! यही गिरि-पथ सब झगड़ों का अन्तिम निर्णय करेगा। क्यों अमात्य, जिसकी भुजाओं में बल न हो, उसके मस्तिष्क में तो कुछ होना चाहिए?

शिखरस्वामी : (एक पत्र लेकर) पहले इसे पढ़ लीजिए! (रामगुप्त पत्र पढ़ते-पढ़ते आश्चर्य से चौंक उठता है)। चौंकिए मत, यह घटना इतनी आकस्मिक है कि कुछ सोचने का अवसर नहीं मिलता।

रामगुप्त : (ठहरकर) है तो ऐसा ही; किन्तु एक बार ही मेरे प्रतिकूल भी नहीं। मुझे इसकी सम्भावना पहले से भी थी।

शिखरस्वामी : (आश्चर्य से) ऐं? तब तो महाराज ने अवश्य ही कुछ सोच लिया होगा। मेघ-संकुल आकाश की तरह जिसका भविष्य घिरा हो, उसकी बुद्धि को तो बिजली के समान चमकना ही चाहिए।

रामगुप्त : (संशक) कह दूँ! सोचा तो है मैंने, परन्तु क्या तुम उसका समर्थन करोगे?

शिखरस्वामी : यदि नीति-युक्त हुआ तो अवश्य समर्थन करूँगा। सबके विरुद्ध रहने पर भी स्वर्गीय आर्य समुद्रगुप्त की आज्ञा के प्रतिकूल मैंने ही आपका समर्थन किया था। नीति-सिद्धान्त के आधार पर ज्येष्ठ राजपुत्र को...।

रामगुप्त : (बात काटकर) वह तो... मैं जानता हूँ; किन्तु इस समय जो प्रश्न सामने आ गया है उस पर विचार करना चाहिए। यह तुम जानते हो कि मेरी इस विजय-यात्रा का कोई गुप्त उद्देश्य है। उसकी सफलता भी सामने दिखाई पड़ रही है। हाँ, थोड़ा-सा साहस चाहिए।

शिखरस्वामी : वह क्या?

रामगुप्त : शक-दूत सन्धि के लिए जो प्रमाण चाहता हो, उसे अस्वीकार न करना चाहिए। ऐसा करने में इस संकट के बहाने जितनी विरोधी प्रकृति हैं, उस सबको हम लोग सहज ही हटा सकेंगे।

शिखरस्वामी : भविष्य के लिए यह चाहे अच्छा हो, किन्तु इस समय तो हमको बहुत-से विघ्नों का सामना करना पड़ेगा।

रामगुप्त : (हँसकर) तुम... तुम्हारी बुद्धि कब काम में आवेगी और हाँ, चन्द्रगुप्त के मनोभाव का कुछ पता लगा?

शिखरस्वामी : कोई नई बात तो नहीं।

रामगुप्त : मैं देखता हूँ कि मुझे पहले अपने अन्तःपुर के ही विद्रोह का दमन करना होगा। (निःश्वास लेकर) धुवदेवी के हृदय में चन्द्रगुप्त की आकांक्षा धीरे-धीरे जाग रही है।

शिखरस्वामी : यह असम्भव नहीं, किन्तु महाराज! इस समय आपको दूत से साक्षात् करके उपस्थित राजनीति पर ध्यान देना चाहिए। यह एक विचित्र बात है कि प्रबल पक्ष सन्धि के लिए सन्देश भेजे।

रामगुप्त : विचित्र हो चाहे सचित्र अमात्य, तुम्हारी राजनीतिज्ञता इसी में है, भीतर और बाहर के सब शत्रु एक ही चाल में परास्त हों। तो चलो!

(दोनों का प्रस्थान। मन्दाकिनी का सशंक भाव से प्रवेश)

मन्दाकिनी : (चारों ओर देखकर) भयानक समस्या है। मूर्खों ने स्वार्थ के लिए साम्राज्य के गौरव का सर्वनाश करने का निश्चय कर लिया है। सच है, वीरता जब भागती है, तब उसके पैरों से राजनीतिक छलछन्द की धूल उड़ती है। **(कुछ सोचकर)** कुमार चन्द्रगुप्त को यह सब समाचार शीघ्र ही मिलना चाहिए। गूँगी के अभिनय में महादेवी के हृदय का आवरण तनिक-सा हटा है, किन्तु वह थोड़ा-सा स्निग्ध भाव भी कुमार के लिए कम महत्त्व नहीं रखता। कुमार चन्द्रगुप्त! कितना समर्पण का भाव है उसमें और उसका बड़ा भाई रामगुप्त! कपटाचारी रामगुप्त। जी करता है, इस कुलषित वातावरण से कहीं दूर, विस्मृत में अपने को छिपा लूँ। पर मन्दा! तुझे विधाता ने क्यों बनाया **(सोचने लगती है)** नहीं, मुझे हृदय कठोर करके अपना कर्त्तव्य करने के लिए यहाँ रुकना होगा। न्याय का दुर्बल पक्ष ग्रहण करना होगा।

(गाती है)

यह कसक अरे आँसू सह जा।
बनकर विनम्र अभिमान मुझे
मेरा अस्तित्व बता, रह जा।
बन प्रेम छलक कोने-कोने
अपनी नीरव गाथा कह जा
करुणा बन दुखिया वसुधा पर
शीतलता फैलाता बह जा।

(जाती है। ध्रुवस्वामिनी का उदास भाव से धीरे-धीरे प्रवेश। पीछे एक परिचारिका पान का डिब्बा और दूसरी चमर लिये आती है। ध्रुवस्वामिनी एक मेज पर बैठकर अक्षरों पर उँगली रखकर कुछ सोचने लगती है और चमरशधारिणी चमर चलाने लगती है।)

ध्रुवस्वामिनी : (दूसरी परिचारिका से) हाँ, क्या कहा, शिखरस्वामी कुछ कहना चाहते हैं? कह दो, कल सुनूँगी, आज नहीं।

परिचारिका : जैसी आज्ञा। तो मैं कह आऊँ कि अमात्य से कल महादेवी बातें करेंगी?

ध्रुवस्वामिनी : (कुछ सोचकर) ठहरो तो, वह गुप्त साम्राज्य का अमात्य है, उससे आज ही भेंट करना होगा। हाँ, यह तो बताओ, तुम्हारे राजकुल में नियम क्या है? पहले अमात्य की मंत्रणा सुननी पड़ती है, तब राजा से भेंट होती है?

परिचारिका : (दाँतों से जीभ दबाकर) ऐसा नियम तो मैंने नहीं सुना। यह युद्ध-शिविर है न! परम भट्टारक को अवसर न मिला होगा। महादेवी! आपको सन्देह न करना चाहिए।

ध्रुवस्वामिनी : मैं महादेवी ही हूँ न? यदि यह सत्य है तो क्या तुम मेरी आज्ञा से कुमार चन्द्रगुप्त को यहाँ बुला सकती हो? मैं चाहती हूँ कि अमात्य के साथ ही कुमार से भी कुछ बातें कर लूँ।

परिचारिका : क्षमा कीजिए, इसके लिए तो पहले अमात्य से पूछना होगा।

(ध्रुवस्वामिनी क्रोध से उसकी ओर देखने लगती है और वह पान का डिब्बा रखकर चली जाती है। एक बौने का कुबड़े और हिजड़े के साथ प्रवेश)

कुबड़ा : युद्ध! भयानक युद्ध!!

बौना : हो रहा है, कि कहीं होगा मित्र!

हिजड़ा : बहनो, यहीं युद्ध करके दिखाओ न! महादेवी भी देख लें।

बौना : (कुबड़े से) सुनता है रे! तू अपना हिमाचल इधर कर दे - मैं दिग्विजय करने के लिए कुबेर पर चढ़ाई करूँगा।

(उसकी कूबड़ को दबाता है और कुबड़ा अपने घुटनों और हाथों के बल बैठ जाता है। हिजड़ा कुबड़े की पीठ पर बैठता है। बौना एक मोरछल लेकर तलवार की तरह उसे घुमाने लगता है।)

हिजड़ा : अरे! यह तो मैं हूँ नल-कूबर की वध! दिग्विजयी वीर, क्या तुम स्त्री से युद्ध करोगे? लौट जाओ, कल आना। मेरे श्वसुर और आर्यपुत्र दोनों ही उर्वशी और रम्भा के अभिसार से अभी नहीं आए। कुछ आज ही तो युद्ध करने का शुभ मुहूर्त नहीं है।

बौना : (मोरछल से पटा घुमाता हुआ) नहीं, आज ही युद्ध होगा। तुम स्त्री नहीं हो, तुम्हारी उँगलियाँ तो मेरी तलवार से अधिक चल रही हैं। कूबड़ तुम्हारे नीचे है तब मैं कैसे मान लूँ कि तुम न तो नल-कूबड़ हो और न कुबेर! तुम्हारे वस्त्रों से मैं धोखा न खाऊँगा। तुम पुरुष हो, युद्ध करो।

हिजड़ा : (उसी तरह मटकते हुए) अरे, मैं स्त्री हूँ। बहनो, कोई मुझसे ब्याह भले कर सकता है, लड़ाई मैं क्या जानूँ?

(दासी के साथ शिखरस्वामी का प्रवेश)

शिखर-स्वामी : महादेवी की जय हो!

(दूसरी ओर से युवती दासी के कन्धे का सहारा लिए कुछ-कुछ मदिरा के नशे में रामगुप्त का प्रवेश। मुस्कराता हुआ बौने का खेल देखने लगता है। ध्रुवस्वामिनी उठकर खड़ी हो जाती है और शिखरस्वामी रामगुप्त को संकेत करता है।)

रामगुप्त : (कुछ भरये हुए कण्ठ से) महादेवी की जय हो।

ध्रुवस्वामिनी : स्वागत महाराज!

रामगुप्त एक मंच पर बैठ जाता है और शिखरस्वामी ध्रुवस्वामिनी के इस उदासीन शिष्टाचार से चकित होकर सिर खुजलाने लगता है)

कुबड़ा : दोहाई राजाधिराज की! हिमाचल का कूबड़ दुखने लगा। न तो यह नल-कूबड़ की बहू मेरे कूबड़ से उठती है और न तो यह बौना मुझे विजय ही कर लेता है।

रामगुप्त : (हँसते हुए) वाह रे वामन वीर! यहाँ दिग्विजय का नाटक खेला जा रहा था क्या?

बौना : (अकड़कर) वामन के बलि-विजय की गाथा और तीन पगों की महिमा सब लोग जानते हैं। मैं तीन लात में इसका कूबड़ सीधा कर सकता हूँ।

कुबड़ा : लगा दे भाई बौने। फिर यह अचल हेमकूट बनना तो छूट जाय!

हिजड़ा : देखो जी, मैं नल-कूबर की वधू इस पर बैठी हूँ।

बौना : झूठ! युद्ध के डर से पुरुष होकर भी यह स्त्री बन गया है।

हिजड़ा : मैं तो पहले ही कह चुकी कि मैं युद्ध करना नहीं जानती।

बौना : तुम नल-कूबर की स्त्री हो न, तो अपनी विजय का उपहार समझकर मैं तुम्हारा हरण कर लूँगा। **(और लोगों की ओर देखकर उसका हाथ पकड़ कर खींचता हुआ)** ठीक होगा न? कदाचित् यह धर्म के विरुद्ध न होगा!

(रामगुप्त ठठाकर हँसने लगता है)

ध्रुवस्वामिनी : (क्रोध से अकड़कर) निकालो! अभी निकालो, यहाँ ऐसी निर्लज्जता का नाटक मैं नहीं देखना चाहती। (शिखरस्वामी की ओर भी सक्रोध देखती है, शिखर के संकेत करने पर वे भाग जाते हैं।)

रामगुप्त : अरे, ओ दिग्विजयी! सुन तो (उठकर ताली पीटता हुआ हँसने लगता है। ध्रुवस्वामिनी क्षोभ और घृणा से मुँह फिरा लेती है। शिखरस्वामी के संकेत से दासी मदिरा का पात्र ले आती है, उसे देखकर प्रसन्नता से आँखें फाड़कर शिखर की ओर अपना हाथ बढ़ा देता है) अमात्य, आज ही महादेवी के पास मैं आया और आप भी पहुँच गये, यह एक विलक्षण घटना है। है न **(पात्र लेकर पीता है)**

शिखरस्वामी : देव, मैं इस समय एक आवश्यक कार्य से आया हूँ।

रामगुप्त : ओह! मैं तो भूल ही गया था! वह बर्बर शकराज क्या चाहता है? मैं आक्रमण न करूँ, इतना ही तो? जाने दो, युद्ध कोई अच्छी बात तो नहीं!

शिखरस्वामी : वह और भी कुछ चाहता है।

रामगुप्त : क्या कुछ सहायता भी माँग रहा है?

शिखरस्वामी : (सिर झुकाकर गम्भीरता से) नहीं देव, वह बहुत ही असंगत और अशिष्ट याचना कर रहा है।

रामगुप्त : क्या? कुछ कहो भी।

शिखरस्वामी : क्षमा हो महाराज! दूत तो अवध्य होता ही है; इसलिए उसका सन्देश सुनना ही पड़ा। वह कहता था कि शकराज से महादेवी ध्रुवस्वामिनी का... रुककर ध्रुवस्वामिनी की ओर देखने लगता है। ध्रुवस्वामिनी सिर हिलाकर कहने की आज्ञा देती है।) विवाह-सम्बन्ध स्थिर हो चुका था। बीच में ही आर्य समुद्रगुप्त की विजय-यात्रा में महादेवी के पिताजी ने उपहार में उन्हें गुप्तकुल में भेज दिया, इसलिए महादेवी को वह...।

रामगुप्त : ऐं, क्या कहते हो? अमात्य, क्या वह महादेवी को माँगता है?

शिखर-स्वामी : हाँ देव! साथ ही वह अपने सामन्तों के लिए भी मगध के सामन्तों की स्त्रियों को माँगता है।

रामगुप्त : (श्वास लेकर) ठीक ही है, जब उसके पास सामन्त हैं, तब उन लोगों के लिए भी स्त्रियाँ चाहिए। हाँ, क्या यह सच है कि महादेवी के पिता ने पहले शकराज से इनका सम्बन्ध स्थिर कर लिया था?

शिखर-स्वामी : यह तो मुझे नहीं मालूम। **(ध्रुवस्वामिनी रोष से फूलती हुई टहलने लगती है।)**

रामगुप्त : महादेवी, अमात्य क्या पूछ रहे हैं?

ध्रुवस्वामिनी : इस प्रथम सम्भाषण के लिए मैं कृतज्ञ हुई महाराज! किन्तु मैं भी यह जानना चाहती हूँ कि गुप्त साम्राज्य क्या स्त्री-सम्प्रदान से ही बढ़ा है?

रामगुप्त : (झेंपकर हँसता हुआ) हें-हें-हें, बताइए अमात्य जी!

शिखरस्वामी : मैं क्या कहूँ? शत्रु-पक्ष का यही सन्धि-सन्देश है। यदि स्वीकार न हो तो युद्ध कीजिए। शिविर दोनों ओर से घिर गया है। उसकी बातें मानिए, या मरकर भी अपनी कुलमर्यादा की रक्षा कीजिए। दूसरा कोई उपाय नहीं।

रामगुप्त : (चौंककर) क्या प्राण देने के अतिरिक्त दूसरा कोई उपाय नहीं? ऊँ-हूँ तब तो महादेवी से पूछिए।

ध्रुवस्वामिनी : (तीव्र स्वर से) और आप लोग कुबड़ों, बौनों और नपुंसकों का नृत्य देखेंगे। मैं जानना चाहती हूँ कि किसने सुख-दुःख में मेरा साथ न छोड़ने की प्रतिज्ञा अग्निवेदी के सामने की है?

रामगुप्त : (चारों ओर देखकर) किसने की है, कोई बोलता क्यों नहीं

ध्रुवस्वामिनी : तो क्या मैं राजाधिराज रामगुप्त की महादेवी नहीं हूँ

रामगुप्त : क्यों नहीं? परन्तु रामगुप्त ने ऐसी कोई प्रतिज्ञा न की होगी। मैं तो उस दिन द्राक्षासव-सर में डुबकी लगा रहा था। पुरोहितों ने न जाने क्या-क्या पढ़ा दिया होगा। उन सब बातों का बोझ मेरे सिर पर! **(सिर हिलाकर)** कदापि नहीं।

ध्रुवस्वामिनी : (निस्सहाय होकर दीनता से शिखरस्वामी के प्रति) यह तो हुई राजा की व्यवस्था, अब सुनूँ मन्त्री महोदय क्या कहते हैं!

शिखरस्वामी : मैं कहूँगा देवि, अवसर देखकर राज्य की रक्षा करने वाली उचित सम्मति देना ही तो मेरा कर्तव्य है। राजनीति के सिद्धान्त में राष्ट्र की रक्षा सब उपायों से करने का आदेश है। उसके लिए राजा, रानी, कुमार और अमात्य सबका विसर्जन किया जा सकता है; किन्तु राज विसर्जन अन्तिम उपाय है।

रामगुप्त : (प्रसन्नता से) वाह! क्या कहा तुमने! तभी तो लोग तुम्हें नीतिशास्त्र का बृहस्पति समझते हैं।

ध्रुवस्वामिनी : अमात्य, तुम बृहस्पति हो चाहे शुक्र, किन्तु, धूर्त होने से ही क्या मनुष्य भूल नहीं सकता? आर्य समुद्रगुप्त के पुत्र को पहचानने में तुमने भूल तो नहीं की। सिंहासन पर भ्रम से किसी दूसरे को तो नहीं बैठा दिया?

रामगुप्त : (आश्चर्य से) क्या क्या? क्या?

ध्रुवस्वामिनी : कुछ नहीं, मैं केवल यही कहना चाहती हूँ कि पुरुषों ने स्त्रियों को अपनी पशु-सम्पत्ति समझकर उन पर अत्याचार करने का अभ्यास बना लिया है। वह मेरे साथ नहीं चल सकता। यदि तुम मेरी रक्षा नहीं कर सकते, अपने कुल की मर्यादा, नारी का गौरव नहीं बचा सकते, तो मुझे बेच भी नहीं सकते हो। हाँ, तुम लोगों को आपत्ति से बचाने के लिए मैं स्वयं यहाँ से चली जाऊँगी।

शिखरस्वामी : (मुँह बनाकर) उँह, राजनीति में ऐसी बातों को स्थान नहीं। जब तक नियमों के अनुकूल सन्धि का पूर्ण रूप से पालन न किया जाय, तब तक सन्धि का कोई अर्थ ही नहीं।

ध्रुवस्वामिनी : देखती हूँ कि इस राष्ट्र-रक्षा-यज्ञ में रानी की बलि होगी ही।

शिखरस्वामी : दूसरा कोई उपाय नहीं।

ध्रुवस्वामिनी : (क्रोध से पैर पटककर) उपाय नहीं, तो न हो, निर्लज्ज अमात्य! फिर ऐसा प्रस्ताव मैं सुनना नहीं चाहती।

रामगुप्त : (चौंककर) इस छोटी-सी बात के लिए इतना बड़ा उपद्रव! **(दासी की ओर देखकर)** मेरा तो कण्ठ सूखने लगा।

(वह मदिरा देती है)

ध्रुवस्वामिनी : (दृढ़ता से) अच्छा, तो अब मैं चाहती हूँ कि अमात्य अपने मन्त्रणा-गृह में जाएँ। मैं केवल रानी ही नहीं, किन्तु स्त्री भी हूँ; मुझे अपने को पति कहलाने वाले पुरुष से कुछ कहना है, राजा से नहीं।

(शिखरस्वामी का दासियों के साथ प्रस्थान)

रामगुप्त : ठहरो जी, मैं भी चलता हूँ **(उठना चाहता है। ध्रुवस्वामिनी उसका हाथ पकड़कर रोक लेती है।)** तुम मुझसे क्या कहना चाहती हो?

ध्रुवस्वामिनी : (ठहरकर) अकेले यहाँ भय लगता है क्या? बैठिए, सुनिए। मेरे पिता ने

उपहारस्वरूप कन्यादान किया था। किन्तु गुप्त सम्राट क्या अपनी पत्नी शत्रु को उपहार में देंगे **(घुटने के बल बैठकर)** ? देखिए, मेरी ओर देखिए। मेरा स्त्रीत्व क्या इतने का भी अधिकारी नहीं कि अपने को स्वामी समझने वाला पुरुष उसके लिए प्राणों का पण लगा सके?

रामगुप्त : (उसे देखता हुआ) तुम सुन्दर हो, ओह, कितनी सुन्दर; किन्तु सोने की कटार पर मुग्ध होकर उसे कोई अपने हृदय में डुबा नहीं सकता। तुम्हारी सुन्दरता - तुम्हारा नारीत्व - अमूल्य हो सकता है। फिर भी अपने लिए मैं स्वयं कितना आवश्यक हूँ, कदाचित् तुम यह नहीं जानती हो।

ध्रुवस्वामिनी : (उसके पैरों को पकड़कर) मैं गुप्त-कुल की वधू होकर इस राजपरिवार में आई हूँ इसी विश्वास पर...।

रामगुप्त : (उसे रोककर) वह सब मैं नहीं सुनना चाहता।

ध्रुवस्वामिनी : मेरी रक्षा करो। मेरे और अपने गौरव की रक्षा करो। राजा, आज मैं शरण की प्रार्थिनी हूँ। मैं स्वीकार करती हूँ कि आज तक मैं तुम्हारे विलास की सहचरी नहीं हुई, किन्तु वह मेरा अहंकार चूर्ण हो गया है। मैं तुम्हारी होकर रहूँगी। राज्य और सम्पत्ति रहने पर राजा को - पुरुष को बहुत-सी रानियाँ और स्त्रियाँ मिलती हैं, किन्तु व्यक्ति का मान नष्ट होने पर फिर नहीं मिलता।

रामगुप्त : (घबराकर उसका हाथ हटाता हुआ) ओह, तुम्हारा यह घातक स्पर्श बहुत ही उत्तेजनापूर्ण है। मैं, नहीं। तुम, मेरी रानी! नहीं, नहीं। जाओ, तुमको जाना पड़ेगा। तुम उपहार की वस्तु हो। आज मैं तुम्हें किसी दूसरे को देना चाहता हूँ। इसमें तुम्हें क्यों आपत्ति हो?

ध्रुवस्वामिनी : (खड़ी होकर रोष से) निर्लज्ज! मद्यप!! क्लीव!!! ओह, तो मेरा कोई रक्षक नहीं **(ठहरकर)** नहीं, मैं अपनी रक्षा स्वयं करूँगी। मैं उपहार में देने की वस्तु, शीतलमणि नहीं हूँ। मुझमें रक्त की तरल लालिमा है। मेरा हृदय ऊष्ण है और उसमें आत्मसम्मान की ज्योति है। उसकी रक्षा मैं ही करूँगी **(रशना से कृपाण निकाल लेती है)।**

रामगुप्त : (भयभीत होकर पीछे हटता हुआ) तो क्या तुम मेरी हत्या करोगी?

ध्रुवस्वामिनी : तुम्हारी हत्या नहीं, तुम जियो। भेड़ की तरह तुम्हारा क्षुद्र जीवन! उसे न लूँगी! मैं अपना ही जीवन समाप्त करूँगी।

रामगुप्त : किन्तु तुम्हारे मर जाने पर उस बर्बर शकराज के पास किसको भेजा जाएगा? नहीं, नहीं, ऐसा न करो। हत्या! हत्या!! दौड़ो...। दौड़ो!! **(भागता हुआ निकल जाता है। दूसरी ओर से वेग सहित चन्द्रगुप्त का प्रवेश)**

चन्द्रगुप्त : हत्या! कैसी हत्या!! **(ध्रुवस्वामिनी को देखकर)** यह क्या? महादेवी, ठरिए!

ध्रुवस्वामिनी : कुमार, इसी समय तुम्हें भी आना था! **(सकरुण देखती हुई)** मैं प्रार्थना करती हूँ कि तुम यहाँ से चले जाओ! मुझे अपने अपमान में निर्वसन-नग्न देखने का किसी पुरुष को अधिकार नहीं। मुझे मृत्यु की चादर से अपने को ढँक लेने दो।

चन्द्रगुप्त : किन्तु क्या कारण सुनने का मैं अधिकारी नहीं हूँ?

ध्रुवस्वामिनी : सुनोगे? **(ठहरकर सोचती हुई)** नहीं, अभी आत्महत्या नहीं करूँगी। जब तुम आ गए हो तो थोड़ा ठहरूँगी। यह तीखी छुरी इस अतृप्त हृदय में, विकासोन्मुख कुसुम में विषैले कीट के डंक की तरह चुभा दूँ या नहीं, इस पर विचार करूँगी। यदि नहीं तो मेरी दुर्दशा का पुरस्कार क्या कुछ और है? हाँ, जीवन के लिए कृतज्ञ, उपकृत और आभारी होकर किसी के अभिमानपूर्ण आत्म-विज्ञापन का भार ढोती रहूँ। यही क्या विधाता का निष्ठुर विधान है? छुटकारा नहीं। जीवन नियति के कठोर आदेश पर चलेगा ही। तो क्या यह मेरा जीवन भी अपना नहीं है?

चन्द्रगुप्त : देवि, जीवन विश्व की सम्पत्ति है। प्रमाद से, क्षणिक आवेश से, या दुःख की कठिनाइयों

से उसे नष्ट करना ठीक तो नहीं। गुप्त-कुल लक्ष्मी आज यह छिन्नमस्ता का अवतार किसलिए धारण करना चाहती है, सुनूँ भी?

ध्रुवस्वामिनी : नहीं, मैं मरूँगी नहीं! क्योंकि तुम आ गये हो। मेरी शिविका के साथ चामर-सज्जित अश्व पर चढ़कर तुम्हीं उस दिन आए थे। तुम्हारा विश्वासपूर्ण मुखमण्डल मेरे साथ आने में क्यों इतना प्रसन्न था?

चन्द्रगुप्त : मैं गुप्त-कुल-वधू को आदर सहित ले आने के लिए गया था, फिर प्रसन्न क्यों न होता?

ध्रुवस्वामिनी : तो फिर आज मुझे शक-शिविर में पहुँचाने के लिए उसी प्रकार तुमको मेरे साथ चलना होगा। **(आँखों से आँसू पोंछती है!)**

चन्द्रगुप्त : **(आश्चर्य से)** यह कैसा परिहास!

ध्रुवस्वामिनी : कुमार! यह परिहास नहीं, राजा की आज्ञा है। शकराज को मेरी अत्यन्त आवश्यकता है। यह अवरोध, बिना मेरा उपहार दिए नहीं हट सकता।

चन्द्रगुप्त : **(आवेश से)** यह नहीं हो सकता। महादेवी! जिस मर्यादा के लिए-जिस महत्त्व को स्थिर रखने के लिए मैंने राजदण्ड ग्रहण न करके अपना मिला हुआ अधिकार छोड़ दिया, उसका यह अपमान! मेरे जीवित रहते आर्य समुद्रगुप्त के स्वर्गीय गर्व को इस तरह पद-दलित होना न पड़ेगा। **(ठहरकर)** और भी एक बात है। मेरे हृदय के अन्धकार में प्रथम किरण-सी आकर जिसने अज्ञातभाव से अपना मधुर आलोक ढाल दिया था, उसको भी मैंने केवल इसीलिए भूलने का प्रयत्न किया कि... **(सहसा चुप हो जाता है।)**

ध्रुवस्वामिनी : **(आँख बन्द किए हुए कुतूहल-भरी प्रसन्नता से)** हाँ-हाँ, कहो-कहो।

(शिखरस्वामी के साथ रामगुप्त का प्रवेश)

रामगुप्त : देखो तो कुमार! यह भी कोई बात है! आत्महत्या कितना बड़ा अपराध है!

चन्द्रगुप्त : और आप से तो वह भी करते नहीं बनता।

रामगुप्त : **(शिखरस्वामी से)** देखो, कुमार के मन में छिपा हुआ कलुष कितना... कितना... भयानक है?

शिखरस्वामी : कुमार, विनय गुप्त-कुल का सर्वोत्तम गृह-विधान है, उसे न भूलना चाहिए!

चन्द्रगुप्त : **(व्यंग्य से हँसकर)** अमात्य, तभी तो तुमने व्यवस्था दी है कि महादेवी को देकर भी सन्धि की जाय! क्यों, यही तो विनय की पराकाष्ठा है! ऐसा विनय प्रवञ्चकों का आवरण है, जिसमें शील न हो। और शील परस्पर सम्मान की घोषणा करता है। कापुरुष! आर्य समुद्रगुप्त का सम्मान...

शिखरस्वामी : **(बीच में बात काटकर)** उसके लिए मुझे प्राणदण्ड दिया जाए! मैं उसे अविचल भाव से ग्रहण करूँगा; परन्तु राजा और राष्ट्र की रक्षा होनी चाहिए।

मन्दाकिनी : **(प्रवेश करके)** राजा अपने राष्ट्र की रक्षा करने में असमर्थ है, तब भी उस राजा की रक्षा होनी ही चाहिए। अमात्य, यह कैसी विवशता है! तुम मत्युदण्ड के लिए उत्सुक! महादेवी आत्महत्या करने के लिए प्रस्तुत! फिर यह हिचक क्यों? एक बार अन्तिम बल से परीक्षा कर देखो! बचोगे तो राष्ट्र और सम्मान भी बचेगा, नहीं तो सर्वनाश!

चन्द्रगुप्त : आह मन्दा! भला तू कहाँ से यह उल्लास-भरी बात कहने के लिए आ गई? ठीक तो है अमात्य! सुनो, यह स्त्री क्या कह रही है

रामगुप्त : **(अपने हाथों को मसलते हुए)** दुरभिसन्धि, छल, मेरे प्राण लेने का कौशल!

चन्द्रगुप्त : तब आओ, हम लोग स्त्री बन जाएँ और बैठकर रोएँ।

हिजड़ा : (प्रवेश करके) कुमार, स्त्री बनना सहज नहीं है! कुछ दिनों तक मुझसे सीखना होगा। **(सबका मुँह देखता है और शिखरस्वामी के मुँह पर हाथ फेरता है)** उहूँ, तुम नहीं बन सकते! तुम्हारे ऊपर बड़ा कठोर आवरण है। **(कुमार के समीप जाकर)** कुमार! मैं शपथ खाकर कह सकती हूँ कि यदि मैं अपने हाथों से सजा दूँ तो आपको देखकर महादेवी को भ्रम हो जाए।

(चन्द्रगुप्त उसका कान पकड़कर बाहर कर देता है)

धुवस्वामिनी : उसे छोड़ दो, कुमार! यहाँ पर एक वही नपुंसक तो नहीं है। बहुत-से लोगों में किसको-किसको निकालोगे?

(चन्द्रगुप्त उसे छोड़कर चिन्तित-सा टहलने लगता है और शिखरस्वामी रामगुप्त के कानों में कुछ कहता है)

चन्द्रगुप्त : (सहसा खड़े होकर) अमात्य, तो तुम्हारी ही बात रही। हाँ, उसमें तुम्हारे सहयोगी हिजड़े की भी सम्मति मुझे अच्छी लगी। मैं धुवस्वामिनी बनकर अन्य सामन्त कुमारों के साथ शकराज के पास जाऊँगा। अगर सफल हुआ तब तो कोई बात ही नहीं, अन्यथा मेरी मृत्यु के बाद तुम लोग जैसा उचित समझाना, वैसा करना।

धुवस्वामिनी : (चन्द्रगुप्त को अपनी भुजाओं में पकड़कर) नहीं, मैं तुमको न जाने दूँगी। मेरे क्षुद्र, दुर्बल नारी-जीवन का सम्मान बचाने के लिए इतने बड़े बलिदान की आवश्यकता नहीं।

रामगुप्त : (आश्चर्य और क्रोध से) छोड़ो-छोड़ो, यह कैसा अनर्थ! सबके सामने यह कैसी निर्लज्जता!

धुवस्वामिनी : (चन्द्रगुप्त को छोड़ती हुई... जैसे चैतन्य होकर) यह पाप है। जो मेरे लिए अपनी बलि दे सकता हो, जो मेरे स्नेह... (ठहरकर) अथवा इससे क्या? शकराज क्या मुझे देवी बनाकर भक्ति-भाव से मेरी पूजा करेगा? वाह रे लज्जाशील पुरुष!

(शिखरस्वामी फिर रामगुप्त के कानों में कुछ कहता है। रामगुप्त स्वीकारसूचक सिर हिलाता है)

शिखरस्वामी : राजाधिराज! आज्ञा दीजिए, यही एक उपाय है जिसे कुमार बता रहे हैं। किन्तु राजनीति की दृष्टि से महादेवी का भी वहाँ जाना आवश्यक है।

चन्द्रगुप्त : (क्रोध से) क्यों आवश्यक है! यदि उन्हें जाना ही पड़ा, तो फिर मेरे जाने से क्या लाभ तब मैं न जाऊँगा।

रामगुप्त : नहीं, यह मेरी आज्ञा है। सामन्त कुमारों के साथ जाने के लिए प्रस्तुत हो जाओ।

धुवस्वामिनी : तो कुमार! हम लोगों का चलना निश्चित ही है। अब इसमें विलम्ब की आवश्यकता नहीं।

(चन्द्रगुप्त का प्रस्थान। धुवस्वामिनी मंच पर बैठकर रोने लगती है)

रामगुप्त : अब यह कैसा अभिनय! मुझे तो पहले से ही शंका थी और आज तो तुमने मेरी आँखें खोल दी।

धुवस्वामिनी : अनार्य! निष्ठर! मुझे कलंक-कालिमा के कारागर में बन्द कर, मर्म-वाक्य के धुएँ से दम घोंटकर मार डालने की आशा न करो। आज मेरी असहायता मुझे अमृत पिलाकर मेरा निर्लज्ज जीवन बढ़ाने के लिए तत्पर है। **(उठकर, हाथ से निकल जाने का संकेत करते हुए)** जाओ, मैं एकान्त चाहती हूँ।

(शिखरस्वामी के साथ रामगुप्त का प्रस्थान)

ध्रुवस्वामिनी : कितना अनुभूतिपूर्ण था वह एक क्षण का आलिंगन। कितने सन्तोष से भरा था! नियति ने अज्ञात भाव से मानो लू से तपी हुई वसुधा को क्षितिज के निर्जन में सायंकालीन शीतल आकाश से मिला दिया हो। **(ठहरकर)** जिस आयुविहीन प्रदेश में उखड़ी हुई साँसों पर बन्धन हो - अर्गला हो, वहाँ रहते-रहते यह जीवन असह्य हो गया था। तो भी मरूँगी नहीं। संसार के कुछ दिन विधाता के विधान में अपने लिए सुरक्षित करा लूँगी। कुमार! तुमने वही किया, जिसे मैं बचाती रही। तुम्हारे उपकार और स्नेह की वर्षा से मैं भीगी जा रही हूँ। ओह, **(हृदय पर उँगली रखकर)** इस वक्षस्थल में दो हृदय हैं क्या? अब अन्तरंग 'हाँ' करना चाहता है, जब ऊपरी मन 'ना' क्यों कह देता है?

चन्द्रगुप्त : **(प्रवेश करके)** महादेवी, हम लोग प्रस्तुत हैं, किन्तु ध्रुवस्वामिनी के साथ शक-शिविर में जाने के लिए हम लोग सहमत नहीं।

ध्रुवस्वामिनी : **(हँसकर)** राजा की आज्ञा मान लेना ही पर्याप्त नहीं। रानी की भी एक बात न मानोगे? मैंने तो पहले ही कुमार से प्रार्थना की थी कि मुझे जैसे ले आए हो उसी तरह पहुँचा भी दो।

चन्द्रगुप्त : नहीं - मैं अकेले ही जाऊँगा।

ध्रुवस्वामिनी : कुमार! यह मृत्यु और निर्वासन का सुख तुम अकेले ही लोगे, ऐसा नहीं हो सकता। राजा की इच्छा क्या है, यह जानते हो? मुझसे और तुमसे एक साथ ही छुटकारा! तो फिर वही क्यों न हो हम दोनों ही चलेंगे। मृत्यु के गह्वर में प्रवेश करने के समय मैं भी तुम्हारी ज्योति बनकर बुझ जाने की कामना रखती हूँ। और भी एक विनोद, प्रलय का परिहास, देख सकूँगी। मेरे सहचरी! तुम्हारा वह ध्रुवस्वामिनी का वेश ध्रुवस्वामिनी ही न देखे तो किस काम का?

(दोनों हाथों से चन्द्रगुप्त का चिबुक पकड़ कर सकरुण देखती है।)

चन्द्रगुप्त : **(अधखुली आँखों से देखता हुआ)** तो फिर चलो।

(सामंतकुमारों के आगे-आगे मंदाकिनी का गंभीर-स्वर में गाते हुए प्रवेश)

पैरों के नीचे जलधर हों, बिजली से उनका खेल चले।
संकीर्ण कगारों के नीचे, शत-शत झरने बेमेल चलें ॥

सन्नाटे में हो विकल पवन, पादप निज पद हों चूम रहे।
तब भी गिरि पथ का अथक पथिक, ऊपर ऊँचे सब झेल चले ॥

पृथ्वी की आँखों में बनकर, छाया का पुतला बढ़ता हो।
सूने तम में हो ज्योति बना, अपनी प्रतिमा को गढ़ता हो ॥

पीड़ा की धूल उड़ाता-सा, बाधाओं को ठुकराता-सा।
कष्टों पर कुछ मुसक्याता-सा, ऊपर ऊँचे सब झेल चले ॥

खिलते हों क्षत के फूल वहाँ, बन व्यथा तमिस्रा के तारे।
पद-पद पर ताण्डव नर्तक हों, स्वर सप्तक होवें लय सारे ॥

भैरव रव से हो व्याप्त दिशा, हो काँप रही भय-चकित निशा।
हो स्वेद धार बहती कपिशा, ऊपर ऊँचे सब झेल चले ॥

विचलित हो अचल न मौन रहे, निष्ठुर श्रृंगार उतरता हो।
क्रन्दन कम्पन न पुकार बने, निज साहस पर निर्भरता हो ॥

अपनी ज्वाला को आप पिये, नव नील कण्ठ की छाप लिये।

विश्राम शांति को शाप दिए, ऊपर ऊँचे सब झेल चले ॥

(चन्द्रगुप्त और ध्रुवस्वामिनी के साथ सबका धीरे-धीरे प्रस्थान। अकेली मन्दाकिनी खड़ी रह जाती है।)

(पटाक्षेप)

द्वितीय अंक

(एक दुर्ग के भीतर सुनहले कामवाले खम्भों पर एक दालान, बीच में छोटी-
छोटी-सी सीढ़ियाँ, उसी के सामने कश्मीरी खुदाई का सुंदर लकड़ी का
सिंहासन। बीच के दो खंभे खुले हुए हैं, उनके दोनों ओर मोटे-मोटे चित्र
बने हुए तिब्बती ढंग से रेशमी पर्दे पड़े हैं, सामने बीच में छोटा-सा आँगन
की तरह जिसके दोनों ओर क्यारियाँ, उनमें दो-चार पौधे और लताएँ फूलों
से लदी दिखलाई पड़ती हैं।)

कोमा : (धीरे-धीरे पौधों को देखती हुई प्रवेश करके) इन्हें सींचना पड़ता है, नहीं तो इनकी
रुखाई और मलिनता सौंदर्य पर आवरण डाल देती हैं। **(देखकर)** आज तो इनके पत्ते धुले हुए भी
नहीं हैं। इनमें फूल जैसे मुकुलित होकर ही रह गए हैं। खिलखिलाकर हँसने का मानो इन्हें बल नहीं।
(सोचकर) ठीक, इधर कई दिनों में महाराज अपने युद्ध-विग्रह में लगे हुए हैं और मैं भी यहाँ नहीं
आई, तो फिर इनकी चिन्ता कौन करता? उस दिन मैंने यहाँ दो मंच और भी रख देने के लिए कह
दिया था, पर सुनता कौन है? सब जैसे रक्त के प्यासे! प्राण लेने और देने में पागल! वसन्त का उदास
और असल पवन आता है, चला जाता है। कोई उस स्पर्श से परिचित नहीं। ऐसा तो वास्तविक जीवन
नहीं है **(सीढ़ी पर बैठकर सोचने लगती है)** प्रणय! प्रेम! जब सामने से आते हुए तीव्र आलोक की
तरह आँखों में प्रकाशपुंज उड़ेल देता है, तब सामने की सब वस्तुएँ और भी अस्पष्ट हो जाती हैं।
अपनी ओर से कोई भी प्रकाश की किरण नहीं। तब वही, केवल वही! हो पागलपन, भूल हो, दुःख
मिले। प्रेम करने की एक ऋतु होती है। उसमें चूकना, उसमें सोच-समझकर चलना दोनों बराबर
हैं। सुना है दोनों ही संसार के चतुरों की दृष्टि से मूर्ख बनते हैं, तब कोमा, तू किसे अच्छा समझती है?

(गाती है)

यौवन! तेरी चंचल छाया।
इसमें बैठे घूँट भर पी लूँ जो रस तू है लाया।
मेरे प्याले में पद बनकर कब तू छली समाया।
जीवन-वंशी के छिद्रों में स्वर बनकर लहराया।
पल भर रुकने वाले! कह तू पथिक! कहाँ से आया

(चुप होकर आँखें बंद किए तन्मय होकर बैठी रह रह जाती है। शकराज का प्रवेश। हाथ
में एक लम्बी तलवार लिए चिंतित भाव से आकर इस तरह खड़ा होता है, जिससे कोमा को
नहीं देखता।)

शकराज : खिंगल अभी नहीं आया, क्या वह वंदी तो नहीं कर लिया गया? नहीं, यदि वे अंधे नहीं
हैं तो उन्हें अपने सिर पर खड़ी विपत्ति दिखाई देनी चाहिए। **(सोचकर)** विपत्ति, केवल उन्हीं पर तो
नहीं है, हम लोगों को भी रक्त की नदी बहानी पड़ेगी। चित्त बड़ा चंचल हो रहा है, तो बैठ जाऊँ इस
एकान्त में। अपने बिखरे हुए मन को सँभाल लूँ। **(इधर-उधर देखता है, कोमा आहट पाकर खड़ी
होती है। उसे देखकर)** अरे, कोमा! कोमा!

कोमा : हाँ, महाराज! क्या आज्ञा है?

शकराज : (उसे स्निग्ध भाव से देखकर) आज्ञा नहीं, कोमा! तुम्हें आज्ञा न दूँगा! तुम रूठी हुई-सी क्यों बोल रही हो?

कोमा : रूठने का सुहाग मुझे मिला कब?

शकराज : आजकल में जैसी भीषण परिस्थिति में हूँ, उसमें अन्यमनस्क होना स्वाभाविक है, तुम्हें यह भूल न जाना चाहिए।

कोमा : तो क्या आपकी दुश्चिन्ताओं में मेरा भाग नहीं? मुझे उससे अलग रखने से क्या वह परिस्थिति कुछ सरल हो रही है?

शकराज : तुम्हारे हृदय को उन दुर्भावनाओं में डालकर व्यथित नहीं करना चाहता। मेरे सामने जीवन-मरण का प्रश्न है।

कोमा : प्रश्न स्वयं किसी के सामने नहीं आते। मैं तो समझती हूँ, मनुष्य उन्हें जीवन के लिए उपयोगी समझता है। मकड़ी की तरह लटकने के लिए अपने आप ही जाला बुनता है। जीवन का प्राथमिक प्रसन्न उल्लास मनुष्य के भविष्य में मंगल और सौभाग्य को आमंत्रित करता है। उससे उदासीन न होना चाहिए, महाराज!

शकराज : सौभाग्य और दुर्भाग्य मनुष्य की दुर्बलता के नाम हैं। मैं तो पुरुषार्थ को ही सबका नियामक समझता हूँ! पुरुषार्थ ही सौभाग्य को खींच लाता है। हाँ, मैं इस युद्ध के लिए उत्सुक नहीं था कोमा, मैं ही दिग्विजय के लिए नहीं निकला था।

कोमा : संसार के नियम के अनुसार आप अपने से महान् के सम्मुख थोड़ा-सा विनीत बनकर उस उपद्रव से अलग रह सकते थे।

शकराज : यही तो मुझसे नहीं हो सकता।

कोमा : अभावमयी लघुता में मनुष्य अपने को महत्त्वपूर्ण दिखाने का अभिनय न करे तो क्या अच्छा नहीं है?

शकराज : (चिढ़कर) यह शिक्षा अभी रहने दो कोमा, मैं किसी से बड़ा नहीं हूँ तो छोटा भी नहीं बनना चाहता। तुम अभी तक पाषाणी प्रतिमा की तरह वहीं खड़ी हो, मेरे पास आओ।

कोमा : पाषाणी! हाँ, राजा! पाषाणी के भीतर भी कितने मधुर स्रोत बहते रहते हैं। उनमें मदिरा नहीं, शीतल जल की धारा बहती है। प्यासों की तृप्ति...

शकराज : किन्तु मुझे तो इस समय स्फूर्ति के लिए एक प्याला मदिरा ही चाहिए :

कोमा : (स्थिर दृष्टि से देखती हुई) मैं ले आती हूँ। आप बैठिए।

(कोमा एक छोटा-सा मंच रख देती है और चली जाती है। शकराज मंच पर बैठ जाता है। खिंगल का प्रवेश)

शकराज : कहो जी, क्या समाचार है?

खिंगल : महाराज! मैंने उन्हें अच्छी तरह समझा दिया कि हम लोगों का अवरोध दृढ़ है। उन्हें दो में से एक करना ही होगा। या तो अपने प्राण दें अन्यथा मेरे सन्धि के नियमों को स्वीकार करें।

शकराज : (उत्सुकता से) तो वे समझ गए?

खिंगल : दूसरा उपाय ही क्या था! यह छोकड़ा रामगुप्त, समुद्रगुप्त की तरह दिग्विजय करने निकला था। उसे इन बीहड़ पहाड़ी घाटियों का परिचय नहीं मिला था। किन्तु सब बातों को समझकर

वह अपने नियमों को मानने के लिए बाध्य हुआ।

शकराज : (प्रसन्नता से उठकर दोनों हाथ पकड़ लेता है) ऐं! तुम सच कहते हो? मुझे आशा नहीं। क्या मेरा दूसरा प्रस्ताव भी रामगुप्त ने मान लिया?

(स्वर्ण के कलश में मदिरा लेकर कोमा चुपके से आकर पीछे खड़ी हो जाती है।)

खिंगल : हाँ महाराज! उसने माँगे हुए सब उपहारों को देना स्वीकार किया और ध्रुवस्वामिनी भी आपकी सेवा में शीघ्र ही उपस्थित होती है।

(कोमा चौंक उठती है और शकराज प्रसन्नता से खिंगल के हाथों को झकझोरने लगता है)

शकराज : खिंगल! तुमने कितना सुंदर समाचार सुनाया! आज देव-पुत्रों की स्वर्गीय आत्माएँ प्रसन्न होंगी। उनकी पराजयों का यह प्रतिशोध है। हम लोग गुप्तों की दृष्टि में जंगली, बर्बर और असभ्य हैं तो फिर मेरी प्रतिहिंसा ही बर्बरता के भी अनुकूल होगी। हाँ, मैंने अपने शूर-सामन्तों के लिए भी स्त्रियाँ माँगी थीं।

खिंगल : वे भी साथ ही आएँगी।

शकराज : तो फिर सोने की झाँझवाली नाच का प्रबन्ध करो। इस विजय का उत्सव मनाया जाय और मेरे सामन्तों का भी शीघ्र बुला लाओ।

(खिंगल का प्रस्थान। शकराज अपनी प्रसन्नता में उद्विग्न-सा इधर-उधर टहलने लगता है और कोमा अपना कलश लिए हुए धीरे-धीरे सिंहासन के पास जाकर खड़ी हो जाती है। चार सामन्तों का प्रवेश। दूसरी ओर से नर्तकियों का दल आता है। शकराज उनकी ओर ही देखता हुआ सिंहासन पर बैठ जाता है। सामन्त लोग उसके पैरों के नीचे सीढ़ियों पर बैठते हैं। नर्तकियाँ नाचती हुई गाती हैं)

गाना :

अस्ताचल पर युवती सन्ध्या की खुली अलक घुँघराली है।
लो, मानिक मदिरा की धारा अब बहने लगी निराली है।
भरी ली पहाड़ियों ने अपनी झीलों की रत्नमयी प्याली।
झुक चली चूमने बल्लरियों से लिपटी तरु की डाली है।
यह लगा पिघलने मानिनियों का हृदय मृदु-प्रणय-रोष भरा।
वे हँसती हुई दुलार-भरी मधु लहर उठाने वाली है।
भरने निकले हैं प्यार भरे जोड़े कुंजों की झुरमुट से।
इस मधुर अँधेरी में अब तक क्या इनकी प्याली खाली है।
भर उठीं प्यालियाँ, सुमनों ने सौरभ मकरन्द मिलाया है।
कामिनियों ने अनुराग-भरे अधरों से उन्हें लगा ली है।
वसुधा मदमाती हुई उधर आकाश लगा देखो झुकने।
सब झूम रहे अपने सुख में तूने क्यों बाधा डाली है।

(नर्तकियाँ जाने लगती हैं)

एक सामन्त : श्रीमान्! इतनी बड़ी विजय के अवसर पर इस सूखे उत्सव से सन्तोष नहीं होता, जबकि कलश सामने भरा हुआ रखा है।

शकराज : ठीक है, इन लोगों को केवल कहकर ही नहीं, प्यालियाँ भरकर भी देनी चाहिए।

(सब पीते हैं और नर्तकियाँ एक-एक को सानुरोध पान कराती हैं)

दूसरा सामन्त : श्रीमान् की आज्ञा मानने के अतिरिक्त दूसरी गति नहीं। उन्होंने समझ से काम लिया, नहीं तो हम लोगों को इस रात की कालिमा में रक्त की लाली मिलानी पड़ती।

तीसरा सामन्त : क्यों बक-बक करते हो? चुपचाप इस बिना परिश्रम की विजय का आनन्द लो। लड़ना पड़ता तो सारी हेकड़ी भूल जाती।

दूसरा सामन्त : (क्रोध से लड़खड़ाता हुआ उठता है) हमसे!

तीसरा सामन्त : हाँ जी, तुमसे!

दूसरा सामन्त : तो फिर आओ, तुम्हीं से निपट लें। **(सब परस्पर लड़ने की चेष्टा कर रहे हैं। शकराज खिंगल को संकेत करता है। वह उन लोगों को बाहर लिवा जाता है। तूर्यनाद)**

शकराज : रात्रि के आगमन की सूचना हो गई। दुर्ग का द्वार अब शीघ्र ही बन्द होगा। अब तो हृदय अधीर हो रहा है। खिंगल!

(खिंगल का पुनः प्रवेश)

खिंगल : दुर्ग-तोरण में शिविकाएँ आ गई हैं।

शकराज : (गर्व से) तब विलम्ब क्यों? उन्हें अभी ले आओ।

खिंगल : (सविनय) किन्तु रानी की एक प्रार्थना है।

शकराज : क्या?

खिंगल : वह पहले केवल श्रीमान् से ही सीधे भेंट करना चाहती हैं। उसकी मर्यादा...

शकराज : (ठठाकर हँसते हुए) क्या कहा मर्यादा! भाग्य ने झुकने के लिए जिन्हें विवश कर दिया है, उन लोगों के मन में मर्यादा का ध्यान और भी अधिक रहता है। यह उनकी दयनीय दशा है।

खिंगल : वह श्रीमान् की रानी होने के लिए आ रही हैं।

शकराज : (हँसकर) अच्छा, तुम मध्यस्थ हो न! तुम्हारी बात मानकर मैं उससे एकान्त में ही भेंट करूँगा! जाओ।

(खिंगल का प्रस्थान)

कोमा : महाराज! मुझे क्या आज्ञा है

शकराज : (चौंककर) अरे, तुम अभी यहीं खड़ी हो? मैं तो जैसे भूल ही गया था। हृदय चंचल हो रहा है। मेरे समीप आओ, कोमा!

कोमा : नयी रानी के आगमन की प्रसन्नता से

शकराज : (सँभलकर) नई रानी का आना क्या तुम्हें अच्छा नहीं लगा, कोमा?

कोमा : (निर्विकार भाव से) संसार में बहुत-सी बातें बिना अच्छी हुए भी अच्छी लगती हैं, और बहुत-सी अच्छी बातें बुरी मालूम पड़ती हैं।

शकराज : (झुँझलाकर) तुम तो आचार्य मिहिरदेव की तरह दार्शनिकों की-सी बातें कर रही हो।

कोमा : वे मेरे पिता-तुल्य हैं, उन्हीं की शिक्षा में मैं पली हूँ। हाँ, ठीक है, जो बातें राजा को अच्छी लगें, वे ही मुझे भी रुचनी ही चाहिएँ।

शकराज : (अव्यवस्थित होकर) अच्छा, तुम इतनी अनुभूतिमयी हो, यह मैं आज जान सका।

कोमा : राजा, तुम्हारी स्नेह-सूचनाओं की सहज प्रसन्नता और मधुर अलापों ने जिस दिन मन

के नीरस और नीरव शून्य में संगीत की, वसन्त की और मकरन्द की सृष्टि की थी, उसी दिन से मैं अनुभूतिमयी बन गयी हूँ। क्या वह मेरा भ्रम था? कह दो - कह दो कि वह तेरी भूल थी।

(उत्तेजित कोमा सिर उठाकर राजा से आँख मिलाती है)

शकराज : **(संकोच से)** नहीं कोमा, वह भ्रम नहीं था। मैं सचमुच तुम्हें प्यार करता हूँ।

कोमा : **(उसी तरह)** तब भी यह बात?

शकराज : **(सशंक)** कौन-सी बात?

कोमा : वही, जो आज होने जा रही है! मेरे राजा! आज तुम एक स्त्री को अपने पति से विच्छिन्न कराकर अपने गर्व की तृप्ति के लिए कैसा अनर्थ कर रहे हो?

शकराज : **(बात उड़ाते हुए, हँसकर)** पागल कोमा! वह मेरी राजनीति का प्रतिशोध है।

कोमा : **(दृढ़ता से)** किन्तु राजनीति का प्रतिशोध क्या एक नारी को कुचले बिना नहीं हो सकता?

शकराज : जो विषय न समझ में आवे, उस पर विवाद न करो।

कोमा : **(खिन्न होकर)** मैं क्यों न करूँ? **(ठहरकर)** किन्तु नहीं, मुझे विवाद करने का अधिकार नहीं। यह मैं समझ गयी।

(वह दुःखी होकर जाना चाहती है कि दूसरी ओर से मिहिरदेव का प्रवेश।

शकराज : **(सम्भ्रम से खड़ा होकर)** धर्मपूज्य! मैं वन्दना करता हूँ।

मिहिरदेव : कल्याण हो! **(कोमा के सिर पर हाथ रखकर)** बेटी! मैं तो तुमको ही देखने चला आया। तू उदास क्यों है

(शकराज की ओर मूक दृष्टि से देखने लगता है)

शकराज : आचार्य! रामगुप्त का दर्प दलन करने के लिए मैंने ध्रुवस्वामिनी को उपहार में भेजने की आज्ञा उसे दी थी। आज रामगुप्त की रानी मेरे दुर्ग में आई है। कोमा को इसमें आपत्ति है।

मिहिरदेव : **(गम्भीरता से)** ऐसे काम में तो आपत्ति होनी ही चाहिए, राजा! स्त्री का सम्मान नष्ट करके तुग जो भयानक अपराध करोगे, उसका फल क्या अच्छा होगा? और भी, गह अगनी भावी पत्नी के प्रति तुम्हारा अत्याचार होगा।

शकराज : **(क्षोभ से)** भावी पत्नी?

मिहिरदेव : अरे, क्या तुम इस क्षणिक सफलता से प्रमत्त हो जाओगे? क्या तुमने अपने आचार्य की प्रतिपालिता कुमारी के साथ स्नेह का सम्बन्ध नहीं स्थापित किया है? क्या इसमें भी सन्देह है? राजा! स्त्रियों का स्नेह-विश्वास भंग कर देना, कोमल तन्तु को तोड़ने से भी सहज है; परन्तु सावधान होकर उसके परिणाम को भी सोच लो।

शकराज : मैं समझता हूँ कि आप मेरे राजनीतिक कामों में हस्तक्षेप न करें तो अच्छा हो।

मिहिरदेव : राजनीति! राजनीति ही मनुष्यों के लिए सब कुछ नहीं है। राजनीति के पीछे नीति से भी हाथ न धो बैठो, जिसका विश्व मानव के साथ व्यापक सम्बन्ध है। राजनीति की साधारण छलनाओं से सफलता प्राप्त करके क्षण-भर के लिए तुम अपने को चतुर समझने की भूल कर सकते हो, परन्तु इस भीषण संसार में एक प्रेम करने वाले हृदय को खो देना, सबसे बड़ी हानि है शकराज! दो प्यार करने वाले हृदयों के बीच में स्वर्गीय ज्योति का निवास है।

शकराज : बस, बहुत हो चुका। आपके महत्त्व की भी कोई सीमा होगी। अब आप यहाँ से नहीं जाते हैं, तो मैं ही चला जाता हूँ।

(प्रस्थान)

मिहिरदेव : चल कोमा! हम लोगों को लताओं, वृक्षों और चट्टानों से छाया और सहानुभूति मिलेगी। इस दुर्ग से बाहर चल।

कोमा : (गद्गद् कण्ठ से) पिता जी! **(खड़ी रहती है)**

मिहिरदेव : बेटी! हृदय को सँभाल। कष्ट सहन करने के लिए प्रस्तुत हो जा। प्रतारणा में बड़ा मोह होता है। उसे छोड़ने को मन नहीं करता। कोमा! छल का बहिरंग सुन्दर होता है : विनीत और आकर्षक भी; पर दुखदायी और हृदय को बेधने के लिए इस बन्धन को तोड़ डाल।

कोमा : (सकरुण) तोड़ डालूँ पिता जी! मैंने जिसे अपने आँसुओं से सींचा, वही दुलारभरी वल्लरी, मेरे आँख बन्द कर चलने में मेरे ही पैरों से उलझ गई है। दे दूँ एक झटका - उसकी हरी-हरी पत्तियाँ कुचल जाएँ और वह छिन्न होकर धूल में लोटने लगे? न, ऐसी कठोर आज्ञा न दो।

मिहिरदेव : (निःश्वास लेकर आकाश को देखते हुए) यहाँ तेरी भलाई होती, तो मैं चलने के लिए न कहता। हम लोग अखरोट की छाया में बैठेंगे - झरनों के किनारे, दाख के कुंजों में विश्राम करेंगे। जब नीले आकाश में मेघों के टुकड़े, मानसरोवर जाने वाले हंसों का अभिनय करेंगे, तब तू अपनी तकली पर ऊन कातती हुई कहानी कहेगी और मैं सुनूँगा।

कोमा : तो चलूँ! **(एक बार चारों ओर देखकर)** एक घड़ी के लिए मुझे...

मिहिरदेव : (ऊबकर आकाश की ओर देखता हुआ) तू नहीं मानती। वह देख, नील लोहित रंग का धूमकेतु अविचल भाव से इस दुर्ग की ओर कैसा भयानक संकेत कर रहा है।

कोमा : (उधर देखते हुए) तब एक क्षण मुझे...

मिहिरदेव : पागल लड़की! अच्छा, मैं फिर आऊँगा। तू सोच ले, विचार कर ले **(जाता है)।**

कोमा : जाना ही होगा! तब यह मन की उलझन क्यों? अमंगल का अभिशाप अपनी क्रूर हँसी से इस दुर्ग को कँपा देगा, और सुख के स्वप्न विलीन हो जाएँगे। मेरे यहाँ रहने से उन्हें अपने भावों को छिपाने के लिए बनावटी व्यवहार करना होगा; पग-पग पर अपमानित होकर मेरा हृदय उसे सह न सकेगा। तो चलूँ! यही ठीक है! पिताजी! ठहरिए, मैं आती हूँ।

शकराज : (प्रवेश करके) कोमा!

कोमा : जाती हूँ, राजा!

शकराज : (भयभीत होकर उसे देखता हुआ) ओह! भयावनी पूँछ वाला धूमकेतु! आकाश का उच्छृङ्खल पर्यटक! नक्षत्र लोक का अभिशाप! कोमा! आचार्य को बुलाओ। वे जो आदेश देंगे वही मैं करूँगा। इस अमंगल की शान्ति होनी चाहिए।

कोमा : वे बहुत चिढ़ गए हैं। अब उनको प्रसन्न करना सहज नहीं है। वे मुझे अपने साथ लिवा जाने के लिए मेरी प्रतीक्षा करते होंगे।

शकराज : कोमा! पिताजी के साथ...।

कोमा : पिताजी के साथ।

शकराज : और मेरा प्यार, मेरा स्नेह, सब भुला दोगी? इस अमंगल की शान्ति करने के लिए आचार्य को न समझाओगी?

कोमा : (खिन्न होकर) प्रेम का नाम न लो। वह एक पीड़ा थी जो छूट गई। उसकी कसक भी धीरे-धीरे दूर हो जाएगी। राजा, मैं तुम्हें प्यार नहीं करती। मैं तो दर्प से दीप्त तुम्हारी महत्त्वमयी पुरुष-मूर्ति की पुजारिन थी, जिसमें पृथ्वी पर अपने पैरों से खड़े रहने की दृढ़ता थी। इस स्वार्थ-मलिन

कलुष से भरी मूर्ति से मेरा परिचय नहीं। अपने तेज की अग्नि में जो सब कुछ भस्म कर सकता हो, उसे दृढ़ता का आकाश के नक्षत्र कुछ बना-बिगाड़ नहीं सकते। तुम आशंका मात्र से दुर्बल-कम्पित और भयभीत हो।

शकराज : (धूमकेतु को बार-बार देखता हुआ) भयानक! कोमा, मुझे बचाओ!

कोमा : जाती हूँ महाराज! पिताजी मेरी प्रतीक्षा करते होंगे।

(जाती है। शकराज अपने सिंहासन पर हताश होकर बैठ जाता है।)

प्रहरी : (प्रवेश करके) महाराज! ध्रुवस्वामिनी ने पूछा है कि एकान्त हो तो आऊँ।

शकराज : हाँ, कह दो कि यहाँ एकान्त है। और देखो, यहाँ दूसरा कोई न आने पावे।

(प्रहरी जाता है। शकराज चंचल होकर टहलने लगता है। धूमकेतु की ओर दृष्टि जाती है तो भयभीत होकर बैठ जाता है।)

शकराज : तो इसका कोई उपाय नहीं? न जाने क्यों मेरा हृदय घबरा रहा है। कोमा को समझा-बुझाकर ले आना चाहिए। **(सोचकर)** किन्तु इधर ध्रुवस्वामिनी जो आ रही है! तो भी देखूँ यदि कोमा प्रसन्न हो जाय... **(जाता है)।**

(स्त्री-वेश में चन्द्रगुप्त आगे और पीछे ध्रुवस्वामिनी स्वर्ण-खचित उत्तरीय में सब अंग छिपाए हुए आती है। केवल खुले हुए मुँह पर प्रसन्न चेष्टा दिखाई देती है।)

चन्द्रगुप्त : तुम आज कितनी प्रसन्न हो!

ध्रुवस्वामिनी : और तुम क्या नहीं?

चन्द्रगुप्त : मेरे जीवन-निशीथ का ध्रुव-नक्षत्र इस घोर अन्धकार में अपनी स्थिर उज्ज्वलता से चमक रहा है। आज महोत्सव है न?

ध्रुवस्वामिनी : लौट जाओ, इस तुच्छ नारी-जीवन के लिए इतने महान् उत्सर्ग की आवश्यकता नहीं।

चन्द्रगुप्त : देवि! यह तुम्हारा क्षणिक मोह है। मेरी परीक्षा न लो। मेरे शरीर ने चाहे जो रूप धारण किया हो, किन्तु हृदय निश्छल है।

ध्रुवस्वामिनी : अपनी कामना की वस्तु न पाकर यह आत्महत्या-जैसा प्रसंग तो नहीं है।

चन्द्रगुप्त : तीखे वचनों से मर्माहत करके भी आज कोई मुझे इस मृत्यु-पक्ष से विमुख नहीं कर सकता। मैं केवल अपना कर्त्तव्य करूँ, इसी में मुझे सुख है। **(ध्रुवस्वामिनी संकेत करती है। शकराज का प्रवेश। दोनों चुप हो जाते हैं। वह दोनों को चकित होकर देखता है।)**

शकराज : मैं किसको रानी समझूँ? रूप का ऐसा तीव्र आलोक!... नहीं, मैंने कभी नहीं देखा था। इसमें कौन ध्रुवस्वामिनी है?

ध्रुवस्वामिनी : यह मैं आ गई हूँ।

चन्द्रगुप्त : (हँसकर) शकराज को तुम धोखा नहीं दे सकती हो। ध्रुवस्वामिनी कौन है? यह एक अन्धा भी बता सकता है।

ध्रुवस्वामिनी : (आश्चर्य से) चन्द्रे! तुमको क्या हो गया है? यहाँ आने पर तुम्हारी इच्छा रानी बनने की हो गई है? या मुझे शकराज से बचा लेने के लिए यह तुम्हारी स्वामिभक्ति है?

(शकराज चकित होकर दोनों की ओर देखता है)

चन्द्रगुप्त : कौन जाने तुम्हीं ऐसा कर रही हो?

धुवस्वामिनी : चन्द्रे! तुम मुझे दोनों ओर से नष्ट न करो। यहाँ से लौट जाने पर भी क्या मैं गुप्तकुल के अन्तःपुर में रह पाऊँगी?

चन्द्रगुप्त : चन्द्रे कहकर मुझको पुकारने से क्या तात्पर्य है? यह अच्छा झगड़ा तुमने फैलाया। इसीलिए मैंने एकान्त में मिलने की प्रार्थना की थी।

धुवस्वामिनी : तो क्या मैं यहाँ भी छली जाऊँगी

शकराज : ठहरो, **(दोनों को ध्यान से देखता हुआ)** क्या चिन्ता यदि मैं दोनों को ही रानी समझ लूँ

धुवस्वामिनी : ऐं...

चन्द्रगुप्त : हैं...

शकराज : क्यों, इसमें क्या बुरी बात है

चन्द्रगुप्त : जी नहीं, यह नहीं हो सकता। धुवस्वामिनी कौन है, पहले इसका निर्णय होना चाहिए।

धुवस्वामिनी : **(क्रोध से)** चन्द्रे! मेरे भाग्य के आकाश में धूमकेतु-सी अपनी गति बन्द करो।

शकराज : **(धूमकेतु की ओर देखकर भयभीत-सा)** ओह भयानक!

(व्यग्र भाव से टहलने लगता है।)

चन्द्रगुप्त : **(शकराज की पीठ पर हाथ रखकर)** सुनिए...

धुवस्वामिनी : चन्द्रे!

चन्द्रगुप्त : इस धमकी से कोई लाभ नहीं।

धुवस्वामिनी : तो फिर मेरा और तुम्हारा जीवन-मरण साथ ही होगा।

चन्द्रगुप्त : तो डरता कौन है? **(दोनों ही शीघ्र कटार निकाल लेते हैं)**

शकराज : **(घबराकर)** हैं, यह क्या तुम लोग क्या कर रहे हो? ठहरो आचार्य ने ठीक कहा है, आज शुभ मुहूर्त नहीं। मैं कल विश्वसनीय व्यक्ति को बुलाकर इसका निश्चय कर लूँगा। आज तुम लोग विश्राम करो।

धुवस्वामिनी : नहीं, इसका निश्चय तो आज ही होना चाहिए।

शकराज : **(बीच में खड़ा होकर)** मैं कहता हूँ न।

चन्द्रगुप्त : वाह रे कहने वाले!

(धुवस्वामिनी मानो चन्द्रगुप्त के आक्रमण से भयभीत होकर पीछे हटती है और तूर्यनाद करती है। शकराज आश्चर्य से उसे सुनता हुआ सहसा घूमकर चन्द्रगुप्त का हाथ पकड़ लेता है। धुवस्वामिनी झटके से चन्द्रगुप्त का उत्तरीय खींच लेती है और चन्द्रगुप्त हाथ छुड़ाकर शकराज को घेर लेता है)

शकराज : **(चकित-सा)** ऐं, यह तुम कौन प्रवंचक?

चन्द्रगुप्त : मैं हूँ चन्द्रगुप्त, तुम्हारा काल। मैं अकेला आया हूँ, तुम्हारी वीरता की परीक्षा लेने। सावधान!

**(शकराज भी कटार निकालकर युद्ध के लिए अग्रसर होता है। युद्ध और शकराज की मृत्यु। बाहर दुर्ग में कोलाहल। 'धुवस्वामिनी की जय' का हल्ला मचाते हुए रक्तारक्त कलेवर सामन्त-कुमारों का प्रवेश। धुवस्वामिनी और चन्द्रगुप्त को घेरकर समवेत स्वर से

'ध्रुवस्वामिनी की जय हो!')

(पटाक्षेप)

'ध्रुवस्वामिनी की जय हो!')

(पटाक्षेप)

तृतीय अंक

(शक-दुर्ग के भीतर एक प्रकोष्ठ। तीन मंचों में दो खाली और एक पर ध्रुवस्वामिनी पादपीठ के ऊपर बाएँ पैर पर दाहिना पैर रखकर अधरों से उँगली लगाए चिन्ता में निमग्न बैठी है। बाहर कुछ कोलाहल होता है।)

सैनिक : (प्रवेश करके) महादेवी की जय हो!

ध्रुवस्वामिनी : (चौंककर) क्या!

सैनिक : विजय का समाचार सुनकर राजाधिराज भी दुर्ग में आ गए हैं। अभी तो वे सैनिकों से बातें कर रहे हैं। उन्होंने पूछा है, महादेवी कहाँ हैं? आपकी जैसी आज्ञा हो, क्योंकि कुमार ने कहा है... !

ध्रुवस्वामिनी : क्या कहा है? यही न कि मुझसे पूछकर राजा यहाँ आने पावें? ठीक है, अभी मैं बहुत थकी हूँ। **(सैनिक जाने लगता है, उसे रोककर)** और सुनो तो! तुमने यह नहीं बताया कि कुमार के घाव अब कैसे हैं?

सैनिक : घाव चिन्ताजनक नहीं हैं। उन पर पट्टियाँ बँध चुकी हैं। कुमार प्रधान-मंडप में विश्राम कर रहे हैं।

ध्रुवस्वामिनी : अच्छा जाओ। **(सैनिक का प्रस्थान)**

मन्दाकिनी : (सहसा प्रवेश करके) भाभी! बधाई है। **(जैसे भूलकर गई हो)** नहीं, नहीं! महादेवी, क्षमा कीजिए।

ध्रुवस्वामिनी : मन्दा! भूल से ही तुमने आज एक प्यारी बात कह दी। उसे क्या लौटा लेना चाहती हो? आह! यदि वह सत्य होती?

(पुरोहित का प्रवेश)

मन्दाकिनी : क्या इसमें भी सन्देह है?

ध्रुवस्वामिनी : मुझे तो सन्देह का इन्द्रजाल ही दिखाई पड़ रहा है। मैं न तो महादेवी हूँ और न तुम्हारी भाभी **(पुरोहित को देखकर चुप हो जाती है)।**

पुरोहित : (आश्चर्य से इधर-उधर देखता हुआ) तब मैं क्या करूँ?

मन्दाकिनी : क्यों, आपको कुछ कहना है क्या?

पुरोहित : ऐसे उपद्रवों के बाद शान्तिकर्म होना आवश्यक है। इसीलिए मैं स्वस्त्ययन करने आया था; किन्तु आप तो कहती हैं कि मैं महादेवी ही नहीं हूँ।

ध्रुवस्वामिनी : (तीखे स्वर में) पुरोहित जी! मैं राजनीति नहीं जानती; किन्तु इतना समझती हूँ कि जो रानी शत्रु के लिए उपहार में भेज दी जाती है, वह महादेवी की उच्च पदवी से पहले ही वंचित हो गई होगी।

मन्दाकिनी : किन्तु आप तो भाभी होना भी अस्वीकार करती हैं।

ध्रुवस्वामिनी : भाभी कहने का तुम्हें रोग हो तो कह लो। क्योंकि इन्हीं पुरोहितजी ने उस दिन कुछ मन्त्रों को पढ़ा था। उस दिन के बाद मुझे कभी राजा से सरल सम्भाषण करने का अवसर ही न मिला। हाँ, न जाने मेरे किस अपराध पर सन्दिग्ध-चित्त होकर उन्होंने जब मुझे निर्वासित किया, तभी मैंने अपने स्त्री होने के अधिकार की रक्षा की भीख माँगी थी। वह भी न मिली और में बलि-पशु की तरह, अकरुण आज्ञा की डोरी में बँधी हुई शकदुर्ग में भेज दी गई। तब भी तुम मुझे भाभी कहना चाहती हो?

मन्दाकिनी : (सिर झुकाकर) यह गर्हित और ग्लानि-जनक प्रसंग है।

पुरोहित : यह मैं क्या सुन रहा हूँ? मुझे तो यह जानकर प्रसन्नता हुई थी कि वीर रमणी की तरह अपने साहस के बल पर महादेवी ने इस दुर्ग पर अपना अधिकार किया है।

ध्रुवस्वामिनी : आप झूठ बोलते हैं।

पुरोहित : (आश्चर्य से) मैं और झूठ!

ध्रुवस्वामिनी : हाँ, आप और झूठ, नहीं, स्वयं आप ही मिथ्या है।

पुरोहित : (हँसकर) क्या आप वेदान्त की बात कहती हैं? तब तो संसार मिथ्या है ही।

ध्रुवस्वामिनी : (क्रोध से) संसार मिथ्या है या नहीं, यह तो मैं नहीं जानती, परन्तु आप, आपका कर्मकाण्ड और आपके शास्त्र क्या सत्य हैं, जो सदैव रक्षणीया स्त्री की यह दुर्दशा हो रही है?

पुरोहित : (मन्दाकिनी से) बेटी! तुम्ही बताओ, यह मेरा भ्रम है या महादेवी का रोष!

ध्रुवस्वामिनी : रोष है, हाँ, में रोष से जली जा रही हूँ। इतना बड़ा उपहास - धर्म के नाम पर स्त्री-आज्ञाकारिता की यह पैशाचिक परीक्षा मुझसे बलपूर्वक ली गई है। पुरोहित! तुमने जो मेरा राक्षस-विवाह कराया है, उसका उत्सव भी कितना सुन्दर है! यह जन संहार देखो, अभी उस प्रकोष्ठ में रक्त सनी हुई शकराज की लोथ पड़ी होगी। कितने ही सैनिक दम तोड़ते होंगे, और इस रक्तधारा में तिरती हुई में राक्षसी-सी साँस ले रही हूँ। तुम्हारा स्वस्त्ययन मुझे शान्ति देगा?

मन्दाकिनी : आर्य! आप बोलते क्यों नहीं? आप धर्म के नियामक हैं। जिन स्त्रियों को धर्म-बन्धन में बाँधकर, उनकी सम्मति के बिना आप उनका सब अधिकार छीन लेते हैं, तब क्या धर्म के पास कोई प्रतिकार - कोई संरक्षण नहीं रख छोड़ते, जिससे वे स्त्रियाँ अपनी आपत्ति में अवलम्ब माँग सकें? क्या भविष्य के सहयोग की कोरी कल्पना से उन्हें आप सन्तुष्ट रहने की आज्ञा देकर विश्राम ले लेते हैं?

पुरोहित : नहीं, स्त्री और पुरुष का परस्पर विश्वासपूर्ण अधिकार रक्षा और सहयोग ही तो विवाह कहा जाता है। यदि ऐसा न हो तो धर्म और विवाह खेल है।

ध्रुवस्वामिनी : खेल हो या न हो, किन्तु एक क्लीव पति के द्वारा परित्यक्ता नारी का मृत्युमुख में जाना ही मंगल है। उसे स्वस्त्ययन और शान्ति की आवश्यकता नहीं।

पुरोहित : (आश्चर्य से) यह मैं क्या सुन रहा हूँ? विश्वास नहीं होता। यदि ये बातें सत्य हैं, तब तो मुझे फिर से एक बार धर्मशास्त्र को देखना पड़ेगा। (प्रस्थान)

(मिहिरदेव के साथ कोमा का प्रवेश)

ध्रुवस्वामिनी : तुम लोग कौन हो?

कोमा : मैं पराजित शक-जाति की एक बालिका हूँ।

ध्रुवस्वामिनी : और...

कोमा : और मैंने प्रेम किया था।

ध्रुवस्वामिनी : इस घोर अपराध का तुम्हें क्या दंड मिला?

कोमा : वही, जो स्त्रियों का प्रायः मिला करता है-निराशा! निष्पीड़न! और उपहास!! रानी, मैं तुमसे भीख माँगने आई हूँ।

ध्रुवस्वामिनी : शत्रुओं के लिए मेरे पास कुछ नहीं है। अधिक हठ करने पर दण्ड मिलना भी असम्भव नहीं।

मिहिरदेव : (दीर्घ निःश्वास लेकर) पागल लड़की, हो चुका न? अब भी तू न चलेगी?

(कोमा सिर झुका लेती है)

मन्दाकिनी : तुम चाहती क्या हो?

कोमा : रानी, तुम भी स्त्री हो। क्या स्त्री का व्यथा न समझोगी? आज तुम्हारी विजय का अन्धकार तुम्हारे शाश्वत स्त्रीत्व को ढँक ले, किन्तु सबके जीवन में एक बार प्रेम की दीपावली जलती है। जली होगी अवश्य। तुम्हारे भी जीवन में वह आलोक का महोत्सव आया होगा, जिसमें हृदय, हृदय को पहचानने का प्रयत्न करता है, उदार बनता है और सर्वस्व दान करने का उत्साह रखता है। मुझे शकराज का शव चाहिए।

ध्रुवस्वामिनी : (सोचकर) जलो, प्रेम के नाम पर जलना चाहती हो तो तुम उस शव को ले जाकर जलो, जीवित रहने पर मालूम होता है कि तुम्हें अधिक शीतलता मिल चुकी है। अवश्य तुम्हारा जीवन धन्य है। **(सैनिक से)** इसे ले जाने दो।

(कोमा का प्रस्थान)

मन्दाकिनी : स्त्रियों के इस बलिदान का भी कोई मूल्य नहीं। कितनी असहाय दशा है। अपने निर्बल और अवलम्बन खोजने वाले हाथों से यह पुरुषों के चरणों को पकड़ती हैं और वह सदैव ही इनको तिरस्कार, घृणा और दुर्दशा की भिक्षा से उपकृत करता है। तब भी यह बावली मानती है

ध्रुवस्वामिनी : भूल है - भ्रम है। **(ठहरकर)** किन्तु उसका कारण भी है। पराधीनता की एक परम्परा-सी उनकी नस-नस में - उनकी चेतना में न जाने किस युग से घुस गई है। उन्हें समझकर भी भूल करनी पड़ती है। क्या वह मेरी भूल न थी - जब मुझे निर्वासित किया गया, तब मैं अपनी आत्म-मर्यादा के लिए कितनी तड़प रही थी और राजाधिराज रामगुप्त के चरणों में रक्षा के लिए गिरी, पर कोई उपाय चला नहीं। पुरुषों की प्रभुता का जाल मुझे अपने निर्दिष्ट पथ पर ले ही आया। मन्दा! दुर्ग की विजय मेरी सफलता है या मेरा दुर्भाग्य, इसे मैं नहीं समझ सकी हूँ। राजा से मैं सामना करना नहीं चाहती। पृथ्वीतल से जैसे एक साकार घृणा निकलकर मुझे अपने पीछे लौट चलने का संकेत कर रही है। क्यों, क्या यह मेरे मन का कलुष है? क्या मैं मानसिक पाप कर रही हूँ?

(उन्मत्त भाव से प्रस्थान)

मन्दाकिनी : नारी हृदय, जिसके मध्य-विन्द से हटकर, शास्त्र का एक मन्त्र, कील की तरह गड़ गया है और उसे अपने सरल प्रवर्तन-चक्र में घूमने से रोक रहा है, निश्चय ही वह कुमार चन्द्रगुप्त की अनुरागिनी है।

चन्द्रगुप्त : (सहसा प्रवेश करके) कौन? मन्दा!

मन्दाकिनी : अरे कुमार! अभी थोड़ा विश्राम करते।

चन्द्रगुप्त : (बैठते हुए) विश्राम! मुझे कहाँ विश्राम? मैं अभी यहाँ से प्रस्थान करने वाला हूँ। मेरा कर्तव्य पूर्ण हो चुका। अब यहाँ मेरा ठहरना अच्छा नहीं।

मन्दाकिनी : किन्तु भाभी की जो बुरी दशा है।

चन्द्रगुप्त : क्यों, उन्हें क्या हुआ? **(मन्दाकिनी चुप रहती है)** बोलो, मुझे अवकाश नहीं! राजाधिराज का सामना होते ही क्या हो जाएगा - मैं नहीं कह सकता। क्योंकि अब यह राजनीतिक छल-प्रपंच मैं नहीं सह सकता।

मन्दाकिनी : किन्तु उन्हें इस असहाय अवस्था में छोड़कर आपका जाना क्या उचित होगा और... **(चुप रह जाती है)**

चन्द्रगुप्त : और क्या... वह क्यों नहीं कहती हो?

मन्दाकिनी : तो क्या उसे भी कहना होगा? महादेवी बनने के पहले ध्रुवस्वामिनी का जो मनोभाव था, वह क्या आपसे छिपा है?

चन्द्रगुप्त : किन्तु मन्दाकिनी! उसकी चर्चा करने से क्या लाभ?

मन्दाकिनी : हृदय में नैतिक साहस - वास्तविक प्रेरणा और पौरुष की पुकार एकत्र करके सोचिए तो कुमार, कि अब आपको क्या करना चाहिए **(चन्द्रगुप्त चिन्तित भाव से टहलने लगता है। नेपथ्य में कुछ लोगों के आने-जाने का शब्द और कोलाहल)** देखूँ तो यह क्या है और महादेवी कहाँ गयीं? **(प्रस्थान)**

चन्द्रगुप्त : विधान की स्याही का एक बिन्द गिरकर भाग्य-लिपि पर कालिमा चढ़ा देता है। मैं आज यह स्वीकार करने से भी संकुचित हो रहा हूँ कि ध्रुवस्वामिनी मेरी है। **(ठहरकर)** हाँ, वह मेरी है, उसे मैंने आरम्भ से ही अपनी सम्पूर्ण भावना से प्यार किया है। मेरे हृदय के गहन अन्तस्थल से निकली हुई यह मूक स्वीकृति आज बोल रही है। मैं पुरुष हूँ? नहीं, मैं अपनी आँखों से अपना वैभव और अधिकार दूसरों को अन्याय से छीनते देख रहा हूँ और मेरी वाग्दत्ता पत्नी मेरे ही अनुत्साह से आज मेरी नहीं रही। नहीं, यह शील का कपट, मोह और प्रवंचना है। मैं जो हूँ, वही तो नहीं स्पष्ट रूप से प्रकट कर सका। यह कैसी विडम्बना है! विनय के आवरण में मेरी कायरता अपने को कब तक छिपा सकेगी?

(एक ओर से मन्दाकिनी का प्रवेश)

मन्दाकिनी : शकराज का शव लेकर जाते हुए आचार्य और उसकी कन्या का राजाधिकार के साथी सैनिकों ने वध कर डाला!

ध्रुवस्वामिनी : (दूसरी ओर से प्रवेश करके) ऐं!

(सामन्त-कुमारों का प्रवेश)

सामन्त कुमार : (सब एक साथ ही) स्वामिनी! आपकी आज्ञा के विरुद्ध राजाधिकार ने निरीह शकों का संहार करवा दिया है।

ध्रुवस्वामिनी : फिर आप लोग इतने चंचल क्यों हैं? राजा को आज्ञा देनी चाहिए और प्रजा को नत-मस्तक होकर उसे मानना होगा।

सामन्त कुमार : किन्तु अब वह असह्य है। राजसत्ता के अस्तित्व की घोषणा के लिए इतना भयंकर प्रदर्शन! मैं तो कहूँगा, इस दुर्ग में, आपकी आज्ञा के बिना राजा का आना अन्याय है।

ध्रुवस्वामिनी : मेरे वीर सहायको! मैं तो स्वयं एक परित्यक्ता और हतभागिनी स्त्री हूँ। मुझे तो अपनी स्थिति की कल्पना से भी क्षोभ हो रहा है। मैं क्या कहूँ?

सामन्त-कुमार : मैं सच कहता हूँ, रामगुप्त जैसे राजपद को कलुषित करने वाले के लिए मेरे हृदय में तनिक भी श्रद्धा नहीं। विजय का उत्साह दिखाने यहाँ वे किस मुँह से आऐ, जो हिंसक,

पाखण्डी, क्षीव और क्लीव हैं।

रामगुप्त : (सहसा शिखरस्वामी के साथ प्रवेश करके) क्या कहा? फिर से तो कहना!

सामन्त कुमार : गुप्त-काल के गौरव का कलंक-कालिमा के सागर में निमज्जित करने वाले...!

शिखरस्वामी : (उसे बीच में ही रोककर) चुप रहो! क्या तुम लोग किसी के बहकाने से आवेश में आ गए हो? (चन्द्रगुप्त की ओर देखकर) कुमार! यह क्या हो रहा है?

(चन्द्रगुप्त उत्तर देने की चेष्टा करके चुप रह जाता है।)

रामगुप्त : दुर्विनीत, पाखण्डी, पामरो! तुम्हें इस धृष्टता का क्रूर दण्ड भोगना पड़ेगा। (नेपथ्य की ओर देखकर) इन विद्रोहियों को वंदी करो।

(रामगुप्त के सैनिक आकर सामन्त-कुमारों को बन्दी बनाते हैं। रामगुप्त का संकेत पाकर सैनिक लोग चन्द्रगुप्त की ओर भी बढ़ते हैं और चन्द्रगुप्त शृंखला में बँध जाता है।)

ध्रुवस्वामिनी : कुमार! मैं कहती हूँ कि तुम प्रतिवाद करो। किस अपराध के लिए यह दण्ड ग्रहण कर रहे हो?

(चन्द्रगुप्त एक दीर्घ निःश्वास लेकर चुप रह जाता है)

रामगुप्त : (हँसकर) कुचक्र करने वाले क्या बोलेंगे?

ध्रुवस्वामिनी : और जो लोग बोल सकते हैं; जो अपनी पवित्रता की दुन्दभी बजाते हैं, वे सब-के-सब साधु होते हैं न? (चन्द्रगुप्त से) कुमार! तुम्हारी जिह्वा पर कोई बन्धन नहीं। कहते क्यों नहीं कि मेरा यही अपराध है कि मैंने कोई अपराध नहीं किया?

रामगुप्त : महादेवी!

ध्रुवस्वामिनी : (उसे न सुनते हुए चन्द्रगुप्त से) झटक दो इन लौह-शृंखलाओं को! यह मिथ्या ढोंग कोई नहीं सहेगा। तुम्हारा क्रुद्ध दुर्दैव भी नहीं।

रामगुप्त : (डाँटकर) महादेवी! चुप रहो!

ध्रुवस्वामिनी : (तेजस्विता से) कौन महादेवी! राजा, क्या अब भी मैं महादेवी ही हूँ? जो शकराज की शय्या के लिए क्रीतदासी की तरह भेजी गई हो, वह भी महादेवी! आश्चर्य!

शिखरस्वामी : देवि, इस राजनीतिक चातुरी में जो सफलता...

ध्रुवस्वामिनी : (पैर पटककर) चुप रहो प्रवंचना के पुतले! स्वार्थ से घृणित प्रपंच! चुप रहो।

रामगुप्त : तो तुम महादेवी नहीं हो न?

ध्रुवस्वामिनी : नहीं! मनुष्य की दी हुई मैं उपाधि लौटा देती हूँ।

रामगुप्त : और मेरी सहधर्मिणी?

ध्रुवस्वामिनी : धर्म ही इसका निर्णय करेगा।

रामगुप्त : ऐं, क्या इसमें भी सन्देह!

ध्रुवस्वामिनी : उसे अपने हृदय से पूछिए कि क्या मैं वास्तव में सहधर्मिणी हूँ?

(पुरोहित का प्रवेश। सामने सबको देखकर चौंक उठता है। शिखरस्वामी चले जाने का संकेत करता है।)

पुरोहित : नहीं, मैं नहीं जाऊँगा। प्राणि-मात्र के अन्तस्थल में जाग्रत रहने वाले महान् विचारक धर्म की आज्ञा मैं न टाल सकूँगा। अभी जो प्रश्न अपनी गम्भीरता में भीषण होकर आप लोगों को

विचलित कर रहा है, मैं ही उसका उत्तर देने का अधिकारी हूँ। विवाह का धर्मशास्त्र से घनिष्ठ सम्बन्ध है।

ध्रुवस्वामिनी : आप सत्यवादी ब्राह्मण हैं। कृपा करके बतलाइए...

शिखरस्वामी : (विनय से उसे रोककर) मैं समझता हूँ कि यह विवाद अधिक बढ़ाने से कोई लाभ नहीं!

ध्रुवस्वामिनी : नहीं, मेरी इच्छा इस विवाद का अन्त करने की है। आज यह निर्णय हो जाना चाहिए कि मैं कौन हूँ?

रामगुप्त : ध्रुवस्वामिनी, निर्लज्जता की भी एक सीमा होती है।

ध्रुवस्वामिनी : मेरी निर्लज्जता का दायित्व क्लीव कापुरुष पर है। स्त्री की लज्जा लूटने वाले उस दस्यु के लिए मैं...।

रामगुप्त : (रोककर) चुप रहो! तुम्हारा पर-पुरुष में अनुरक्त हृदय अत्यन्त कलुषित हो गया है। तुम काल-सर्पिणी-सी स्त्री! ओह, तुम्हें धर्म का तनिक भी भय नहीं! शिखर! इस भी वंदी करो।

पुरोहित : ठहरिए! महाराज ठहरिए!! धर्म की ही बात मैं सोच रहा था।

शिखरस्वामी : (क्रोध से) मैं कहता हूँ कि तुम चुप न रहोगे तो तुम्हारी भी यही दशा होगी।

(सैनिक आगे बढ़ता है)

मन्दाकिनी : (उसे रोककर) महाराज, पुरुषार्थ का इतना बड़ा प्रहसन! अबला पर ऐसा अत्याचार!! यह गुप्त-सम्राट् के लिए शोभा नहीं देता।

रामगुप्त : (सैनिकों से) क्या देखते हो जी!

(सैनिक आगे बढ़ता है और चन्द्रगुप्त आवेश में आकर लौह-श्रृंखला तोड़ डालता है। सब आश्चर्य और भय से देखते हैं।)

चन्द्रगुप्त : मैं भी आर्य समुद्रगुप्त का पुत्र हूँ। और शिखरस्वामी, तुम यह अच्छी तरह जानते हो कि मैं ही उनके द्वारा निर्वाचित युवराज भी हूँ। तुम्हारी नीचता अब असह्य है। तुम अपने राजा को लेकर इस दुर्ग से सकुशल बाहर चले जाओ। यहाँ अब मैं ही शकराज के समस्त अधिकारों का स्वामी हूं।

रामगुप्त : (भयभीत होकर चारों ओर देखता हुआ) क्या?

ध्रुवस्वामिनी : (चन्द्रगुप्त से) यही तो कुमार!

चन्द्रगुप्त : (सैनिक से डपटकर) इन सामन्त-कुमारों को मुक्त करो।

(सैनिक वैसा ही करते हैं और शिखरस्वामी के संकेत से रामगुप्त धीरे-धीरे भय से पीछे हटता हुआ बाहर चला जाता है।)

शिखरस्वामी : कुमार! इस कलह को मिटाने के लिए हम लोगों को परिषद् का निर्णय माननीय होना चाहिए। मुझे आपके आधिपत्य से कोई विरोध नहीं है, किन्तु सब काम विधान के अनुकुल होना चाहिए। मैं कुल-वृद्धों को और सामन्तों को, जो यहाँ उपस्थित हैं, लिवा लाने जाता हूँ।

(सैनिक लोग और भी मंच ले आते हैं और सामन्त-कुमार अपने खंगों को खींचकर चन्द्रगुप्त के पीछे खड़े हो जाते हैं। ध्रुवस्वामिनी और चन्द्रगुप्त परस्पर एक-दूसरे को देखते हुए खड़े रहते हैं। परिषद् के साथ रामगुप्त का प्रवेश। सब लोग मंच पर बैठते हैं।)

पुरोहित : कुमार! आसन ग्रहण कीजिए।

चन्द्रगुप्त : मैं अभियुक्त हूँ।

शिखरस्वामी : बीती हुई बातों को भूल जाने में ही भलाई है। भाई-भाई की तरह गले से लगकर गुप्त कुल का गौरव बढ़ाइए।

चन्द्रगुप्त : अमात्य, तुम गौरव किसको कहते हो? वह है कहीं रोग-जर्जर शरीर अलंकारों की सजावट, मलिनता और कलुष की ढेरी पर बाहरी कुमकुम-केसर का लेप गौरव नहीं बढ़ता। कुटिलता की प्रतिमूर्ति, बोलो! मेरी वाग्दत्ता पत्नी और पिता द्वारा दिए हुए मेरे सिंहासन का अपहरण किसके संकेत से हुआ और छल से...।

रामगुप्त : यह उन्मत्त प्रलाप बन्द करो। चन्द्रगुप्त, तुम मेरे भाई ही हो न! मैं तुमको क्षमा करता हूँ।

चन्द्रगुप्त : मैं उसे माँगता नहीं और क्षमा देने का अधिकार भी तुम्हारा नहीं रहा। आज तुम राजा नहीं हो। तुम्हारे पाप प्रायश्चित की पुकार कर रहे हैं। न्यायपूर्ण निर्णय के लिए प्रतीक्षा करो और अभियुक्त बनकर अपने अपराधों को सुनो।

मन्दाकिनी : (ध्रुवस्वामिनी को आगे खींचकर) यह है गुप्तकुल की वधू।

रामगुप्त : मन्दा।

मन्दाकिनी : राजा का भय मंदा का गला नहीं घोंट सकता। तुम लोगों को यदि कुछ भी बुद्धि होती, तो इस अपनी कुल-मर्यादा, नारी को शत्रु के दुर्ग में यों न भेजते। भगवान् ने स्त्रियों को उत्पन्न करके ही अधिकारों से वंचित नहीं किया है। किन्तु तुम लोगों की दस्युवृत्ति ने उन्हें लूटा है। इस परिषद् से मेरी प्रार्थना है कि आर्य समुद्रगुप्त का विधान तोड़कर जिन लोगों ने राजकिल्विष किया हो उन्हें दण्ड मिलना चाहिए।

शिखरस्वामी : तुम क्या कह रही हो?

मन्दाकिनी : मैं तुम लोगों की नीचता की गाथा सुन रही हूँ। अनार्य! सुन नहीं सकते? तुम्हारी प्रवंचनाओं ने जिस नरक की सृष्टि की है उनका अन्त समीप है। यह साम्राज्य किसका है? आर्य समुद्रगुप्त ने किसे युवराज बनाया था? चन्द्रगुप्त को या इस क्लीव रामगुप्त को जिसने छल और बल से विवाह करके भी इस नारी को अन्य पुरुष की अनुरागिनी बताकर दण्ड देने के लिए आज्ञा दी है। वही रामगुप्त, जिसने कापुरुषों की तरह इस स्त्री को शत्रु के दुर्ग में बिना विरोध किये भेज दिया था, तुम्हारे गुप्त-सम्राज्य का सम्राट् है। और यह ध्रुवस्वामिनी! जिसे कुछ दिनों तक तुम लोगों ने महादेवी कहकर सम्बोधित किया है, वह क्या है? कौन है? और उसका कैसा अस्तित्व है? कहीं धर्मशास्त्र हो तो उसका मुँह खुलना चाहिए।

पुरोहित : शिखर, मुझे अब भी बोलने दोगे या नहीं? मैं राज्य के सम्बन्ध में कुछ नहीं कहना चाहता। वह तुम्हारी राजनीति जाने। किन्तु इस विवाह के सम्बन्ध में तो मुझे कुछ कहना ही चाहिए।

एक वृद्ध : कहिए देव, आप ही तो धर्मशास्त्र के मुख हैं।

पुरोहित : विवाह की विधि ने देवी ध्रुवस्वामिनी और रामगुप्त को एक भ्रान्तिपूर्ण बन्धन में बाँध दिया है। धर्म का उद्देश्य इस तरह पद दलित नहीं किया जा सकता। माता और पिता के प्रमाण के कारण से धर्म-विवाह केवल परस्पर द्वेष से टूट नहीं सकते; परन्तु यह सम्बन्ध उस प्रमाणों से भी विहीन है। और भी **(रामगुप्त को देखकर)** यह रामगुप्त मृत और प्रव्रजित तो नहीं, पर गौरव से नष्ट, आचरण से पतित और कर्मों से राजकिल्विषी क्लीव है। ऐसी अवस्था में रामगुप्त का ध्रुवस्वामिनी पर कोई अधिकार नहीं।

रामगुप्त : (खड़ा होकर क्रोध से) मूर्ख! तुमको मृत्यु का भय नहीं!

पुरोहित : तनिक भी नहीं। ब्राह्मण केवल धर्म से भयभीत है। अन्य किसी भी शक्ति को वह तुच्छ समझता है। तुम्हारे बधिक मुझे धार्मिक सत्य कहने से रोक नहीं सकते। उन्हें बुलाओ, मैं प्रस्तुत हूँ।

मन्दाकिनी : धन्य हो ब्रह्मदेव!

शिखरस्वामी : किन्तु निर्भीक पुरोहित, तुम क्लीव शब्द का प्रयोग कर रहे हो!

पुरोहित : (हँसकर) राजनीतिक दस्यु! तुम शास्त्रार्थ न करो। क्लीव! श्रीकृष्ण ने अर्जुन को क्लीव किसलिए कहा? जिसे अपनी स्त्री को दूसरे की अंगगामिनी बनने के लिए भेजने में कुछ संकोच नहीं वह क्लीव नहीं तो और क्या है? मैं स्पष्ट कहता हूँ कि धर्मशास्त्र रामगुप्त से ध्रुवस्वामिनी के मोक्ष की आज्ञा देता है।

परिषद् के सब लोग : अनार्य, पतित और क्लीव रामगुप्त, गुप्त-साम्राज्य के पवित्र राज्य-सिंहासन पर बैठने का अधिकारी नहीं।

रामगुप्त : (सशंक और भयभीत-सा इधर-उधर देखकर) तुम सब पाखण्डी हो, विद्रोही हो। मैं अपने न्यायपूर्ण अधिकार को तुम्हारे-जैसे कुत्तों को भौंकने पर न छोड़ दूँगा।

शिखरस्वामी : किन्तु परिषद् का विचार तो मानना ही होगा।

रामगुप्त : (रोने के स्वर में) शिखर! तुम भी ऐसे कहते हो? नहीं, मैं यह न मानूँगा।

ध्रुवस्वामिनी : राम! तुम अभी इस दुर्ग के बाहर जाओ।

रामगुप्त : ऐं? यह परिवर्तन? तो मैं सचमुच क्लीव हूँ क्या?

(धीरे-धीरे हटता हुआ चन्द्रगुप्त के पीछे पहुँचकर उसे कटार निकालकर मारना चाहता है। चन्द्रगुप्त को विपन्न देखकर कुछ लोग चिल्ला उठते हैं। जब तक चन्द्रगुप्त घूमता है तब तक एक सामन्त-कुमार रामगुप्त पर प्रवाह करके चन्द्रगुप्त की रक्षा कर लेता है। रामगुप्त गिर पड़ता है।)

सामन्त-कुमार : राजाधिराज चन्द्रगुप्त की जय!

परिषद् : महादेवी ध्रुवस्वामिनी की जय!

(यवनिका।)

Lector House believes that a society develops through a two-fold approach of continuous learning and adaptation, which is derived from the study of classic literary works spread across the historic timeline of literature records. Therefore, we aim at reviving, repairing and redeveloping all those inaccessible or damaged but historically as well as culturally important literature across subjects so that the future generations may have an opportunity to study and learn from past works to embark upon a journey of creating a better future.

This book is a result of an effort made by Lector House towards making a contribution to the preservation and repair of original ancient works which might hold historical significance to the approach of continuous learning across subjects.

HAPPY READING & LEARNING!

LECTOR HOUSE LLP
E-MAIL: lectorpublishing@gmail.com